JN410142

내 맘에 흐르는 강

국립중앙도서관 출판시도서목록(CIP)

내 맘에 흐르는 강 : 전윤권 수필집 / 글쓴이: 전윤권. --
서울 : 북랜드, 2013
p.304 ; 152 × 224 cm
ISBN 978-89-7787-593-7 03810 : ₩12000

한국 현대 수필[韓國現代隨筆]

814.7-KDC5
895.745-DDC21 CIP2013025105

전윤권 수필집

내 맘에 흐르는 강

인쇄| 2013년 11월 25일
발행| 2013년 11월 30일

글쓴이| 전윤권
펴낸이| 장호병
펴낸곳| 북랜드
135-936 서울 강남구 역삼동 832-7 황화빌딩 1108호
대표전화 (02) 732-4574 | (053) 252-9114
팩시밀리 (02) 734-4574 | (053) 252-9334

등록일| 1999년 11월 11일
등록번호| 제13-615호
홈페이지| www.bookland.co.kr
이-메일| bookland@hanmail.net

편집주간| 곽흥렬
편 집| 김인옥
영 업| 최성진

ISBN 978 89-7787-593-7 03810

값 12,000 원

내 맘에 흐르는 강

전윤권 수필집

북랜드

| 책 을 내 며 |

음악을 전공하고 음악만이 삶의 전부인 양 살아오다 어느 날 자매 예술 문학에로 곁눈질을 해 보았다. 꼭 외도를 하고 있는 느낌이다. 돌아보면 음악인 가운데 훌륭한 문인이 없는 건 아닌데도 말이다. 슈만이 그러했고 바그너 또한 그랬다.

독일어를 배울 때 쉽게 들어갔다 울고 나온다는 말이 있듯이 수필 문학 또한 그와 상통하는가 보다. 멀리서 바라볼 때는 쉽게 오를 수 있을 것 같았으나 가까이 다가가니 저 멀리 훌쩍 달아나 있다. 수필은 파랑새인가, 내게는 아직도 머나먼 당신이다.

작품을 쓰면서 철학적 사고의 깊이와 인문학적 이해의 폭이 좁음을 실감한다. 그러나 언제까지고 예서 머무를 수는 없어 산고의 고통을 모르는 여인이 겁 없이 첫 아이를 출산하는 것처럼 첫 수필집을 출간한다. 삶의 파편들을 모아 퍼즐조각 맞추듯 맞추어 본 것들이다. 옥동자였으면 좋겠다.

기독교 신앙과 음악은 내 삶을 붙들어 주는 기둥이다. 그러기에 군데군데 이러한 것들이 묻어남은 어쩔 수 없는 것들이라 본다. 독자 여러분의 따뜻한 양해를 구한다.

아울러 문학의 길로 인도해 주신 장호병 교수님께 이 자리를 빌어 감사의 인사를 드린다.

2013년 盛夏

青木 전 윤 권

차례

2부 발길 가는 대로

3부 사색의 그늘에서

4부 음악이 흐르는 창

1
계절의 향기

가로수 단상

슈만의 트로이메라이가 라디오에서 흘러나온다. 좋아하는 크리스토프 에센바흐의 연주다. 슈만의 <어린이의 정경>은 에센바흐의 연주가 단연 돋보인다. 병사들처럼 곧게 줄선 가로수 길을 걸으며 이 음악을 들었다면 얼마나 낭만적이었을까. 음악을 들으니 갑자기 가로수 길을 달려가고픈 생각이 밀려든다.

가로수도 철 따라 나름대로의 운치와 멋을 달리한다. 고장마다 특징 있는 민요 한 가락 듣는 맛과 다를 바 없다. 경기도에서 간드러진 경기민요 한 가락 듣는 맛이나 호남에서 걸쭉한 육자배기나 판소리 한 마당을 듣는 게나 마찬가지다.

봄에는 벚나무 가로수가 적격이다. 특히 진해의 벚꽃 길은 단연 군계일학群鷄一鶴이다. 온 시가지가 벚꽃으로 뒤덮인 진해는 장관이다. 군항제를 펼칠 때면 전국에서 몰려든 인파들로 초만원을 이룬다. 난 진해의 벚꽃 길도 좋아하지만 하동 벚꽃 길도 그 못잖게 좋아한다. 온 들판을 맴돌던 매화꽃 향기가 사라질 즈음 피어나는 가로수의 벚꽃 향기는 하동을 꽃의 별천지로 만든다. 귓가에 윙윙 거리는 벌들의 소리가 아니라도 좋다. 하동에서 시원한 재첩국 한 사발로 요기를 하고 쌍계사까지 벚꽃 길을 베토벤의 바이올린 소나타 5번 <봄>을 들으며 드라이브하던 때는 가히 환상적이었다. 가다가 길가 찻집에 들러 하동의 명물 녹차로 혀끝을 적실 때의 기쁨이란 형언할 수 없다.

여름은 풍만한 계절이라 어떤 수종의 가로수 길도 운치와 멋을 지니고 있다. 잎이 넓은 플라타너스도 좋고 느티나무도 좋다. 그러나 여름의 가로수 길은 연전에 가본 담양의 메타세콰이어 거리가 단연 일품이었다. 죽녹원에 들러 사진 한 컷 찰칵하고 그 길을 베토벤의 <전원교향곡>을 들으며 달려가 순창 고추장 마을에서 전라도식 젓갈백반으로 점심을 들었다. 메타세콰이어는 남이섬에도 명물처럼 되어 있다. 하늘을 향해 곧게 뻗은 나무는 선비의 기개 같다. 그 운치가 남아서일까, 안심 하수종말처리장 공원에 있는 메타세콰이어 거리를 자주 걷는다. 걸을 때마다 줄맞춰 심어준 시설공단에 감사한다. 요즘은 잎이 변하고 있으니 멀리서 보면 꼭 금칠을

해 놓은 것 같다. 시원하게 내뿜는 산소는 찌든 심폐기능을 소생시키기에 그만이다.

가을 가로수로는 단풍나무가 여왕의 자리에 앉아도 손색이 없겠다. 두견새가 토해낸 듯한 붉은 색깔은 길 가는 이의 눈길을 붙잡기에 부족함이 없다. 영동 길거리에 주렁주렁 매달린 감나무도 일품이다. 그런데 왜 난 유독 노랗게 물든 은행나무 길을 좋아하는지 모르겠다. 로스트로포비치의 첼로 선율과 날리는 은행잎. 가을저녁 한 장의 아름다운 그림이다. 어릴 적 은행잎에 대한 추억 때문인가. 내가 나가던 교회에는 커다란 은행나무가 두 그루 있었다. 가을이면 떨어지는 은행잎을 주워 책갈피에 꽂아 두곤 했던 기억이 새롭다. 노랗던 그 잎은 시간이 지나자 갈색으로 변하여 만지면 바스러지고는 했다. 지난 주말엔 팔공산에 단풍구경 간다고 가다가 미대동 앞 은행나무가 늘어선 곳을 지나자 그만 황홀경에 운전대를 놓칠 뻔했다. 샛노랗게 물든 은행잎이 바람에 날려 포도 위를 눈처럼 휘날리는 정경은 환상적이었다. 가을 햇살을 받아 반짝이며 떨어지던 그 잎은 한 마리 호접 같고 하나님이 지상에 내려 보낸 천사의 날개 같았다.

겨울 가로수로는 히말라야시다가 단연 으뜸인 것 같다. 다른 모든 나무는 잎을 떨쳐내어 앙상한데 이 나무만큼은 계절을 잊고 살고 있다. 삭막한 도회에 던져주는 푸근함이란 이루 말할 수 없다. 특히 겨울밤 눈이라도 소복이 내릴 즈음이면 밤새 눈을 가지마다 솜뭉치처럼 받아 안고 있는 모습은 성처녀 같은 모습이다. 북유럽의 성탄을 그린 카드 같아 어디선가 산타 할아버지가 썰매를 타고 불쑥 나타날 것 같은 착각에 빠져들게 된다. 동대구로 한복판에 심어진 히말라야시다가 좋아 그 길을 자주 차로 운행하는 편이다. 지난 몇 년간은 대구에 큰눈이 내리지 않아 그 나무 위에 얹힌 눈을 보지 못했다. 그런데 올겨울엔 흰 눈이 풍성히 내려 목말랐던 까치와 참새도 푸근히 목을 추길 수 있었다. 겨울의 낭만이 차고 넘친 그 길을 드라이브할 때 느끼는 기분은 말로 표현할 길이 없다. 오로지 달려본 자만이 느낄 수 있는 기분이다.

계절마다 가로수가 주는 기쁨과 상념은 다르다. 겨울이라 그런지 묵직한 바흐의 무반주 첼로 소나타가 그리워진다. 친구와 같이 녹향을 찾아가야 할까 보다.

가을과 음악

그 날 아침은 왜 그랬을까? 음악이 그토록 슬프게 다가올 줄은 몰랐었다. 허름한 라디오에서 울려 나오는 가락이 폐부를 흔들어 놓고 말다니. 평소에 눈물이 많은 편이기는 하지만 그날 아침은 유독 음악을 들으며 울고 말았다.

벌써 까마득한 옛이야기다. 가을이 치맛자락을 길게 드리울 때였다. 학교에서 숙직근무를 마치고 잠자리를 정돈하던 중 무심결에 머리맡에 놓여있던 라디오의 스위치에 손이 갔다. 오늘날같이 질 좋은 FM방송이 스테레오로 제공되던 시기도 아니었다. 켜는 순간 아름다운 음악이 흘러나왔다. 그 곡은 드보르자크의 현악4중주 「아메리카」의 2악장이었다. 그런데 평소에 즐겨듣던 그 음악이 왜 그토록 심금을 울렸는지는 지금 생각해도 모르겠다. 아마도 계절이 멜랑코릭에 빠져들게 한 탓이었나 보다. 여하튼 느린 2악장은 동양적 5음계를 바탕으로 씌어 있다. 물론 이 5음계는 흑인음악에도 쓰인다. 그러하기에 우리네 정서와 공감되어지는 부분이 많은가 보다.

특히 이 음악은 드보르자크가 뉴욕음악원장으로 있을 당시에 만들어졌다. 조국에 대한 향수와 신대륙에서 받은 인상이 한데 어울려 만들어진 멋진 작품이다. 음악을 감상하는 방법에는 여러 가지가 있겠으나 이런 병적인 감상을 가장 경계한다. 하지만 감정의 교감이 이루어질 때는 어찌할 수 없다. 탄식하며 흐느끼는 듯한 2악장은 지금도 혼자 있을 때 듣노라면 감정의 물결이 파노라마 친다. 그것도 가을이라는 계절과 함께 들어보면 그 맛을 훨씬 더 깊게 느낄 수 있다.

식물과 동물에도 감정은 있나 보다. 학자들의 연구 결과에 의하면 좋은 음악을 들려 줄 때 식물은 음악이 들려오는 방향으로 줄기를 뻗는다고 한다. 아울러 젖소는 젖의 양이 훨씬 많아진단다. 하물며 만물의 영장인 내가 그 아침 계절의 무드에 젖은 채 그 곡을 들었으니 눈물이 났음은 당연한 일이라 생각된다.

가을에는 바이올린의 애잔함도 좋지만 영혼을 울리는 첼로의 깊은 음향이 더 좋다. 첼로는 세상의 온갖 비애를 혼자 짊어진 듯하다. 또한 사람의 목소리와 가장 닮은 소리를 낸다. 첼로는 어머니가 끓인 된장국 맛 같다. 모양 또한 성숙한 여인의 체취를 느끼게 한다. 첼로의 선율은 가을이라는 계절과 절묘하게 맞아 떨어진다. 낙엽이 포도 위로 우수수 떨어지는 가을의 황혼녘, 묘령의 여성이 트렌치코트의 깃을 세운 채 천천히 걸어가는 장면을 상상해 보라. 아니면 어느 조용한 카페, 창 너머로 낙엽은 소리 없이 지고 탁자 위에 놓인 커피잔에서는 김이 모락모락 피어오르고 있다. 여인은 떠난 임을 하염없이 기다리고 있다고 하자. 어떤 음악이 그 분위기에 가장 잘 어울릴 것 같은가.

나는 첼로 곡을 과감히 추천한다. 그것도 바흐의 <무반주 첼로 모음곡>도 좋지만 드보르자크의 첼로협주곡 <나단조> 중 2악장을 추천한다. 특히 그 곡은 악장 말미에 이르면 오케스트라와 첼로는 서로 주고받다가 오케스트라의 소리는 잦아들고 첼로의 선율이 흐느끼듯 조용히 읊조린다. 그럴 때면 숨소리조차 죽이게 된다. 고독하고 적막한 그 순간에 이보다 더 어울리는 음악이 있을까 싶다. 아무런 대사도 없지만 음악은 우리에게 무한한 공감을 불러일으킨다. 이것이 바로 음악이 갖고 있는 기능이다. 지금 오디오에는 그 곡이 흐르고 있지만 아무래도 쓸쓸한 가을 저녁에 듣는 맛과는 비교할 수 없다.

'가을에는 기도하게 하소서'라고 김현승님은 말한다. 하지만 '가을에는 음악을 듣게 하소서'라고 말하고 싶다. 그것도 크고 웅장한 음악보다는 우리의 영혼을 울려주는 조용하고 사색적인 음악을 권하고 싶다. 음악은 우리 영혼에 카타르시스 작용을 한다. 음악의 정화 작용은 어떤 자매예술보다 강하다. 미술작품을 바라보고 바로 기쁨과 슬픔을 느낄 수 없다. 문학작품도 마찬가지다. 작품에 공감하려면 많은 시간이 필요하다. 그러나 음악은 바로 우리의 감정체계에 전달되어 슬픔과 기쁨을 느끼게 한다. 요즘 구미의 음악치료가 국내에 도입되고 있다. 대학에 음악치료학과가 등장할 정도다. 음악치료를 위하여 슬플 때는 기쁜 음악을 듣는 것이 얼핏 보기에는 좋을 것 같지만 그렇지가 않다. 슬플 때는 더 슬픈 음악을 듣자. <비창 교향곡>을 들으며 우울함과 고독의 세계로 빠져들어 슬픔에 젖어도 좋다.

그날 아침 슬픔에 젖어들게 한 음악을 사랑한다. 슬픔과 고독을 온몸에 지닌 가을을 사랑한다. 영혼을 울려줄 첼로의 깊은 선율이 그립다. 아파트 창 너머로 바라보이는 풍광이 푸름의 운치를 더하지만 가을은 머잖아 손짓하며 오리라. 가난한 영혼을 살찌우기 위하여 아름다운 연인을 기다리듯 가을을 기다린다.

가을이 오는 소리

목이 쉬어버린 매미 소리가 나를 슬프게 한다. 입추와 말복이 지났으니 매미의 생도 이제 환갑을 지나는가 보다. 굼벵이 생활 땅속 7년이라고 했던가. 그 많은 인고의 시간을 가진 후 태어난 생이 즐거워 노래를 불렀는가. 아니면 곧 사라질 자신의 운명을 예견하고 슬피 운 울음인가. 가을의 전령사가 문 앞에 도래했으니 매미의 생도 다한 것 같아 가슴이 아려온다.

늦은 밤 아파트 창문 너머로 귀뚜라미의 설익은 목소리가 들려온다. 곧 다가올 그들의 날을 준비하느라 밤을 지새우는가 보다. 조잘대던 아이들의 목소리가 잦아든 정원은 그들만의 세계다. 콩 볶듯

볶아대던 한여름의 열기 속에서도 가만가만 준비하는 그들의 콘서트가 아니던가. 풀숲에 실루엣 같은 달빛이 어스레히 스며든다. 달빛과 별빛이 비춰주는 교교함은 그들의 고단한 몸짓을 더욱 부추긴다. 도 레 미 파 솔 라 시 도, 빙그레 달님이 웃고 있다. 스쳐 지나가는 바람이 아롱진 땀방울을 훔쳐 준다.

강변에는 코스모스가 벌써 수줍은 새색시마냥 한두 송이 가냘프게 피어 있다. 하늘대는 그들의 몸짓이 가련하다. 코스모스 꽃은 아무래도 달빛이 제격이다. 희미한 전등불 아래 일렁이는 모습도 좋지만 달빛을 안고 출렁이는 코스모스야말로 나에게 더 큰 기쁨을 준다. 어릴 때의 일이다. 달 밝은 밤 코스모스 꽃밭에서 함께 뛰놀던 여자 아이가 있었다. 코가 오뚝한 그 아이는 유난히 코스모스를 좋아한 것 같다. 코스모스를 따서 손등이나 얼굴에 찍고 깔깔대던 아이였다. 유년의 감각을 일깨우는 그 코스모스가 지금 강변에서 소리 없이 피고 있다. 서로가 서로를 부추기며 가을의 군무를 빠짐없이 준비하고 있다. 단무장은 누구일까. 여치일까. 하늘에서 물끄러미 바라보고 있는 별님일까. 아니면 귓가에 불어대는 살랑 바람일까. 슬로우 슬로우 퀵퀵을 준비하는 그들의 소리가 이 가을의 문턱을 넘나들고 있다.

까막까치의 울음소리가 심상치 않음을 보니 견우와 직녀가 만날 날이 다가오나 보다. 그들이 오작교를 건너 재회의 슬픈 눈물을 흘리고 나면 이 땅 위에는 가을이 배시시 창문을 열겠지. 예년에 보면 칠석에는 비가 온 것 같다. 올해도 예외는 아닐 듯 칠석날에 비가 올 것이라는 예보가 들린다. 말복과 칠석이 지나면 아침저녁으로 풀잎에는 영롱한 이슬이 맺힌다. 풀잎이슬은 메뚜기에게는 청량 음료수다. 더위에 지친 메뚜기가 맑은 이슬을 먹고 나면 푸른 날갯짓이 시작된다. 어떤 것들은 사랑 나누기에 여념이 없다. 고추잠자리와 어울려 날개를 퍼덕이다 보면 푸른 날개는 어느덧 갈색으로 바뀌어 간다. 폴짝 뛰는 메뚜기의 날갯짓에 가을이 오는 소리는 깊어만 간다.

아내와 같이 영양을 찾았다. 경북 일대는 가 본다고 가 보았지만 영양은 지금껏 가 보지 못한 곳이다. 유명 관광지가 없는 관계로 여행책자에도 소개가 되어 있지 않다. 인터넷으로 대강 다운을 받아 길을 나섰다. 영양은 고추의 주산지답게 밭마다 붉게 익은 고추가 지천이다. 덥다고 집 안에서 지척거리고만 있는 사이 가을은 저만큼 우리 앞에 소리 없이 와 있었다. 어릴 적 가을 풍경은 초가지붕 위에서 시작되었다. 초가지붕 위로 타고 올라간 박 넝쿨에는 보름달같이 잘생긴 둥근 박이 주렁주렁 매달려 있었다. 지붕 한편에 깔린 멍석 위에는 붉은 고추가 널려진다. 지금도 가끔 아파트 베란다에 내어놓은 붉은 고추를 보기는 하지만, 그 때 내가 본 정경과는 사뭇 다른 느낌이다. 붉은 고추는 아무래도 초가지붕 위에 있어야 제격인가 보다.

영양을 간 길에 묻고 물어 지훈문학관을 찾았다. 청록파 시인 조지훈이 태어나 자란 주실마을은 멀리서 바라보아도 범상치 않아 보인다. 마을은 고즈넉한 산자락에 자리 잡고 있다. 남으로 향한 마을은 문자 그대로 배산임수背山臨水다. 마을 앞으로 흐르는 조그만 내에는 다리 공사가 한창이다. 얼핏 보아도 선비의 고장답고 가히 큰 인물이 나올 듯한 지세다. 마을에 들어서자 입구에서부터 시인의 족적이 느껴진다. 생가를 거쳐 지훈문학관에 당도하여 그의 육성을 듣고 보니 그가 어느덧 내 곁에 다정스레 서 있는 것 같은 착각이다. 그의 맑디맑은 시어가 내 영혼을 저 먼 심연의 세계로부터 불러 소생시키는 듯하다. 자연을 벗 삼아 노래한 시인의 삶이 부럽다. 잠시 쉬어가는 나그네 인생길인데 나는 너무 많이 아옹다옹 다투며 살아 왔나 보다. 지난날의 시간들이 부끄러워 모든 것을 잊고 싶다. 자연으로 돌아가 자연과 내가 하나 되어 살 수는 없을까. 꽃이 피면 피는 대로, 바람이 불면 부는 대로 청산에 팔베개로 드러누워 오는 가을을 맞이하고 싶다.

오늘 따라 조지훈의 '낙화'가 더 가슴 깊이 사려 온은 무슨 이유에서일까. 꽃이 지기로서니 바람을 탓할 수는 없는 일. 열대야로 잠 못 이루는 밤이지만 귀촉도 울음 뒤에 먼 산이 다가오면 가을이 오는 소리는 소곤소곤 내 귓가에 맴돌겠지.

겨울 바다

겨울바다의 몸부림이 태곳적 신비를 품고 있다. 동해의 바다는 잠들지 않는 불사신인가. 솟구치는 파도가 온종일 몸살을 앓는다. 파도는 허연 게거품을 한껏 토해내고 있다. 문무대왕이 동해의 용왕들과 한판 승부를 펼치는 걸까. 갈매기 소리는 파도가 토해놓는 오케스트라 소리 위에 오브리가토의 선율을 그려내고 있다. 드뷔시의 교향모음곡 바다인가. 바다의 새벽에서 정오까지의 분위기는 아니다. 아니면 파도의 희롱인가. 바람과 바다의 대화인가. 포구는 잠들지 않는다.

새해의 소망을 솟구치는 태양에 실어 보내려 몰려들었던 사람들은 썰물처럼 빠져나가고 휑하니 빈 공간엔 몇몇 젊은 연인들만이 칼끝 같은 겨울바람과 맞서고 있다. 매서움은 뼈끝까지 파고든다. 잠시 서 있어도 얼어붙어 버릴 것 같은 이 바다에 북극곰이 되어 뛰어들 자들이 과연 있을까. 멈추지 않는 바다의 노래는 차가운 영매가 되어 영혼 깊은 곳까지 파고든다.

오래 전에 TV명화극장에서 본 영화가 머리에 떠오른다. 제목은 다 잊어버렸지만 말러의 가곡 중 'Ich bin der Welt abhanden gekommen'(나는 세상에 잊혀져 간다)이라는 노래가 불리어지던 장면이 생각난다. 주인공이 죽어 수장되는 장면이다. 희끄무레하게 물안개가 피어오르는 수면 위로 주인공의 시체가 떠내려갈 때 바리톤의 목소리로 불리어지던 장면은 잊을 수가 없다. 너무나 환상적인 분위기였다. 노래의 가사와 어울린 그 영화는 압도적이었다. 방송국에서 언젠가 다시 방송한다면 반드시 보고 싶은 영화다.

겨울 바다는 붐비지 않아 좋다. 백사장에 찍어둔 발자국은 외로움의 상징인가. 호젓이 남아 그 자리를 지키고 있다. 바람이 모래를 실어와 잠재우지 않는다면 남에 의해 내 발자국이 지워지지 않을 것 같다. 하얀 모래가 좋다. 옷자락에 달라붙어 떨어질 줄 모르는 하얀 모래는 덕지덕지 달라붙은 그리움이다. 모래성을 쌓고 조개잡이 하던 소녀가 남겨준 상처의 흔적이다.

등대가 바라보인다. 희망의 상징이다. 칠흑같이 어두운 바다에 던져지는 생명의 불빛이다. 내 가슴에 저 등대를 품고 싶다. 갈 곳

잃어 헤매는 영혼들에 반짝반짝 빛나는 영혼의 불꽃이 되어야지. 한 생명을 구원의 길로 인도하는 등대 말이다. 오래 전부터 기도해 오던 목표가 있다. 친구 송 박사를 인도하는 일이다. 얼마 전 만났을 때 그는 주일 날 집에 있을 때 TV를 통하여 조용기 목사의 설교를 자주 듣는다고 했다. 내가 사 준 『깨달음』이라는 책도 반갑게 읽겠다고 했으니 조금만 더 흔들면 그의 마음이 열릴 것 같다.

계사년의 바다는 임진년의 바다와 다른 느낌이다. 희망을 잃어버렸던 민초들의 삶에 새 소망을 불러일으킬 것 같다. 붉은 태양이 대양 위에 이글거린다. 바다가 토해낸 찬란한 빛이다. 오천년 역사의 살아있는 숨결이다. 폐부 깊은 곳에서부터 희망의 노래가 들려온다. 거센 파도의 용틀임처럼 울려 퍼지는 노래다.

화진포의 바다는 거대 공룡이다. 서해바다의 고통쯤은 잊어버린지 이미 오래인 것 같다. 망각은 빠를수록 좋아 그러한가. 치유되지 않은 흔적을 안고 끙끙댈 필요는 없나 보다.

바다는 제 스스로 노래하는가. 남에 의하여 노래를 부르는 건가. 허연 포말을 입에 물고 겨울 바다가 노래를 부른다. 구성진 육자배기 같고 아릿한 대금소리 같다. 아니면 동지섣달 긴긴밤 떠나간 임을 잊지 못해 내뿜는 긴 한숨소리인가.

겨울의 길목에서

밤새 기온이 급강하하는가 싶더니 남은 단풍잎이 외로이 떨고 있다. 대관령에는 첫눈이 내리고 산골은 어느새 깊은 겨울잠에 빠져든다. 거리엔 포장마차집의 뜨거운 국물이 목젖을 유혹한다. 포도위엔 떨어진 나뭇잎들이 불어오는 찬바람에 아무렇게나 이곳저곳 나부낀다. 겨울이 불쑥 코앞에 내달았다.

달력은 아직 가을의 정취를 안고 있는 11월이다. 구세군의 자선냄비는 며칠을 기다려야 등장할 것 같다. 한낮의 기온은 영상을 한참 웃돌지만 밤 기온은 오가는 이의 코트 깃을 여미게 한다. 몇 주전에 가본 내장산 단풍이 눈에 아른거린다. 그 후로 단풍을 즐기지 못했으니 계절은 한참이나 흘러가 버렸다.

이맘 때 쯤이면 계절을 안고 가슴앓이를 시작한다. 사춘기 소년도 아닌데 『데미안』을 가슴에 안고 몸부림친다. 새가 알에서 빠져나오려는 몸부림인가. 섬 아이가 머나먼 육지를 그리워하듯 피안의 세계로 도망이라도 치고 싶다. 찰나의 미학을 즐기며 떨어진 단풍위에 내 육신을 눕힌다. 여기가 어딘가. 벨벳 같은 감촉이 전신에 느껴진다.

바람이 분다. 내 뺨에 내닿는 감촉이 을씨년스럽다. 여인네의 부드러운 손길이 아니다. 화사한 봄바람이었으면 좋겠다. 찬바람은 싫다. 문풍지 사이로 스며드는 찬바람이 내 영혼까지도 메말라 버리게 할까 두렵다. 동지섣달 긴긴밤 울어대는 바람이 싫어 어느 날 남국으로 도망을 쳤다. 쪽빛 바다가 나를 잠재웠다.

망우공원 산책길을 따라 걷는다. 바스러져 드러누워 있는 낙엽들이 발밑에 지천이다. 찬 서리가 내린 새벽길은 인적조차 뜸하다. 언덕 아래 금호강물은 잔바람에 간간이 일렁인다. 하얀 물안개가 게거품마냥 일어난다. 강태공들은 드리웠던 낚싯대를 걷어치운 지 이미 오래다. 조약돌을 주워 핑그르르 물수제비를 만든다.

새벽공기가 이토록 차가운 것을 보니 겨울은 저만큼에서 고개를 내밀고 있는 모양이다. 하얀 동장군을 맞을 채비를 해야겠다. 마지막 남은 달력 한 장이 파르르 떨고 있다. 저것조차 내게서 떠나가는 날 엉엉 소리 내어 울어버릴 것만 같다. 예순의 차바퀴는 왜 그리도 빨리 돌아가는 걸까.

멈출 수만 있으면 좋겠다. 정오의 따뜻한 햇볕만이 있으라. 낭만 깃든 가을길만 있으라. 거머리같이 찰싹 달라붙는 겨울바람은 저리로 비켜 다오. 자라목같이 코트 깃에 내 목을 파묻고 싶지 않다.

그러나 원치 않게 겨울은 성큼 내 앞으로 다가온다. 밀쳐낼 힘이 없다. 난 어쩔 수 없이 흰 깃발을 꽂고 말았다.

꽃샘추위

지난밤 세찬 바람이 창문을 흔들어 놓더니 오늘 아침은 영하5도란다. 봄이 왔다고 분갈이 하여 베란다에 내어 놓은 난분이 덜컹 겁이 난다. 이때의 추위를 우리네 선조들은 호들갑을 떨지 않고 재미있게 꽃샘추위라 이름 붙였다. 자연현상 하나에도 비쳐진 선조들의 아량이 넉넉히 느껴진다. 그러나 생각해 보면 굳이 왜 '샘'이란 말을 사용하였을까! 좀 길긴 해도 '꽃 그리는 추위'는 어떨까! 나는 '샘'이란 말에서 민족적 정서의 또 한 면을 보게 되어 가슴이 아려 온다. 예부터 우리 민족은 정도 많았지만 시샘 또한 많았나 보다. 사촌이 논을 사면 축하하고 기뻐해야 할 터인데 왜 배가 아프다고 하였을까. 장화홍련에 나타난 일들이 그렇고, 흥부에 대한 놀부의 뒤틀린 심상이 이를 말해 주고 있다. 오죽했으면 소월은 '접동새'에서 '옛날 우리나라 먼 뒤쪽에 진두강 가람 가에 살던 누나는 의붓어미 시샘에 죽었습니다.'라고 읊었을까!

어느 민족이든 인류사회에 시샘은 있었다. 인류 최초의 살인자 가인도 동생 아벨을 시기하여 죽이지 않았던가. 그러나 우리 민족은 시샘이 타 민족에 비해 좀 심한 편인 것 같다. 좁은 국토에 몸 부딪히며 살다 보니 생존을 위한 몸부림에서 그러했을까. 여하튼 봄은 우리에게 왔고 찬바람은 미적이며 우리에게서 멀어간다.

인생에도 꽃샘추위는 있나 보다. 30여 년을 교직에 몸담아 오다 막 자유의 몸이 되어 시쳇말로 하바드대학(하루종일 바쁘게 돌아다닌다는 은어)에 입학하려 했으나 뜻하지 않게 찾아온 추간판 탈출증(일명 허리 디스크)은 여지없이 나의 꿈을 앗아 가고 말았다. 10년 전에 디스크 수술을 받긴 했지만 무리하게 12일간의 북유럽 여행과 연이은 6일간의 동남아 여행이 말썽을 부리게 한 원인일까. 훈장 전수식 날 다리에 이상이 느껴졌다.

불어닥친 꽃샘 찬바람은 눈물겨운 투쟁을 수반했다. 고통에 밤잠을 이룰 수 없어 하나님께 기도했다.

"하나님! 이제 이 고통에서 나를 거두어 주십시오."

건강할 때 생활했던 내 모습에 전율이 느껴졌고 눈물은 나도 모르게 얼굴을 적셨다. '죽을병은 아니지 않은가' 하는 마음에 자위를 해 보았지만 통증은 나에게 엄청난 고통을 안겨주었다. MRI 촬영을 훑어본 친구 송 박사의 얼굴이 굳어지는가 싶더니 조금은 풀어졌다. 어쩌면 재수술은 하지 않아도 약물과 물리치료로 가능할 것 같단다. 이미 두 차례나 수술 경험이 있는지라 다시는 수술대 위에 눕게 하지 말아 달라고 기도한 내가 아니었던가. 감사의 언어가 내 입언저리에 맴돌고 그로부터 고통 속에서도 극복 훈련은 시작되었다. 금호강 둑은 나의 훈련 장소였다. 이를 악물고 뒤뚱거리며 허리 근육 강화를 위해 걷기 시작했다. 오 미터도 내게는 십리길이었다. 힐끗힐끗 쳐다보는 눈길이 나를 곤혹스럽게도 했지만 거리는 차츰 늘어 갔다.

세계적 여성잡지 엘르의 편집장 장 도미니크 보비는 뇌졸중으로 쓰러진 후 깨어나 눈 깜빡임의 신호로 쓴 책 '잠수복과 나비'에서 서문에 이렇게 썼다. '흘러내리는 침을 삼킬 수만 있다면 세상에서 가장 행복한 사람입니다.' 내 옆에 훨훨 걸어가는 사람들의 모습이 그렇게나 행복하게 보일 수밖에 없었다. 나도 자유로이 걸을 수만 있다면……. 꿈과 희망은 영혼의 날개인 것, 고통을 느낄 때 진짜 고통 중에 힘든 분들을 생각했다. 절망 중에서도 마음에 태양을 품는 순간 온기가 느껴졌다. 그로부터 3개월여의 힘에 겨운 투쟁은 결국 걷게 만들었고 다시 훨훨 나는 한 마리의 나비가 되었다.

'한 송이 국화꽃을 피우기 위하여 봄부터 소쩍새는 울어야 하고 천둥은 먹구름 속에서 또 그렇게 울어야 했나 보다.'라고 읊은 서정주 시인의 시구처럼 제 2의 인생을 살기 위하여 내게도 그러한 고통이 있었나 보다. 가장 절망적인 때가 가장 희망적이고, 어두움에 질식할 것 같을 때가 샛별이 나타날 때임을 꽃샘추위를 통하여 알게 하신 하나님께 감사를 드린다.

"하나님! 욥이 고통 후 받은 복을 내게도 주시옵소서."

난蘭과 나

일전에 달구벌수필에서 난을 소재로 글을 쓴 적이 있다. 며칠 지나지 않아 또 난에 대한 글을 씀으로 인해 대단한 난 애호가로 생각되어질 수 있으나 실은 그렇지 않은 난 방치가라 하겠다. 무더웠던 올여름을 지나는 동안 난을 사랑하는 마음이 있었다면 몇 차례 소독은 해 주었을 터이고 분마다 시비도 해주었을 것이다. 그러나 그렇지 않았다. 베란다의 뜨거운 햇빛에 노출시킨 채 그냥 방치해 두었으니 어찌 난을 사랑한다는 말을 감히 할 수 있으랴 싶다. 먼지 앉은 잎은 한 번도 닦아주지 않았다. 그러나 난은 게으름과 방치를 탓하지 아니하고 잘 자라 주고 있으니 그저 고마울 따름이다.

베란다에 넘실대는 가을 햇살이 고와 하릴없이 노닥거리자니 단아한 춘란 생각이 나를 사로잡는다. 이 때다 싶어 무작정 차를 몰고 지난날 자주 들르던 매난정으로 향했다. 세월이 무던히 흐른 후라 그 집은 이사를 가고 없었다. 일 주일에 한 차례씩 그 집 앞을 지나다녔으나 별 관심을 두지 않았던 고로 이사 간 줄도 몰랐던 것이다.

하는 수 없어 불로동 화훼 단지로 향했다. 다닥다닥 붙은 집마다 난 간판을 붙여 두었지만 내가 찾는 춘란 집은 눈에 띄지 않았다. 한참을 돌다 겨우 춘란을 전문으로 취급하는 한 집을 발견했다. 한국춘란 어린 싹들이 그 안에서 방실대고 있다. 한촉짜리, 두촉짜리의 어린 잎들이다. 잎에 약간씩 변종을 띄우고 있다. 가격은 물어보지도 안 했다. 왜냐면 하도 어린 싹이라 키워낼 만한 재주가 없을 것 같아서였다. 하는 수 없어 좋아하는 중국 춘란 송매를 찾았다. 내가 굳이 송매를 찾음은 인연도 인연이려니와 단아한 잎과 매판 꽃잎, 그리고 중국란 특유의 향 때문이다. 그러나 중국춘란은 요즘 구하기가 어렵단다.

난 집은 손님들이 없어 설렁하다. 그럴 수밖에 없는 것이 춘란은 난 애호가들 이외 선물용으로 찾는 이가 거의 없단다. 주인아저씨의 너스레가 구수하다. 난을 좀 아는 척해 보지만 어디 당할쏘냐. 중국 춘란은 없다지 않는가. 대신 일본 춘란으로 눈길을 돌렸다. 그러자 복륜 잎을 자랑하는 한 녀석이 눈길을 잡아끈다. 가운데 앙증맞게 꽃대가 하나 턱 자리 잡고 있다. 난은 꽃을 즐기느냐, 향을 즐기느냐, 잎을 즐기느냐에 따라 개인의 취향이 달라진다. 일본 춘란은 향기가 없다. 그러나 잎은 아름답다. 촉당 삼만 원이라니 다섯 촉에 십오만 원이다. 이만하면 가격도 큰 부담은 가지 않는다. 이름을 보니 월계관이라 씌어 있다. 어떤 녀석인지는 잘 모르나 어떻게 하여 이런 오만방자한 이름을 갖게 되었는지 모르겠다.

난 가격이 나왔으니 아무래도 한마디 해야겠다. 난 전문가들이 애호하는 난들은 분당 오백만 원에서 천만 원 정도가 되는 모양이다. 그런데 내 눈을 의심케 하는 기사가 조선일보에 실려 있다. 한국난문화협회장 류중광 씨가 소유하고 있는 두화소심豆化素心이 촉당 일억 원을 호가한단다. 한국, 일본, 중국을 통털어 그분만 유일하게 한 분을 소유하고 있다니 어떤 난인지 몰라도 대단한 난임에는 틀림없다.

. 호사가 아닌 나로서는 촉당 삼만 원 정도면 사서 즐길 수 있을 것으로 판단하고 구입했다. 난 집 주인은 친절하게도 꽃대 보호를 위해 이끼를 둘러 준다. 전에 집에 있던 한국 춘란이 꽃대를 올렸으나 피우지 못하고 말라버린 것이 고층 아파트 때문이려니 생각했는데 그런 것이 아니었나 보다. 보습이 안 되었기 때문이란다. 자주 난 집에 들러 정보를 입수해야 했는데 한동안 난에 대하여 등한시 했던 것이 원인이었다. 모든 생명은 고귀한 것인데 난에 대한 미안한 생각이 살짝 스친다. 아는 것만큼 보인다는 유홍준의 글귀가 아니더라도 사랑하는 만큼 잘 자라 줄 터인데 말이다.

깔끔히 정돈되어 있지 못한 난들을 이리저리 옮기고 베란다를 정리했다. 키가 크고 햇빛에 강한 보세는 한 곳으로 모으고 소심은 빛이 약한 데로 모았다. 물론 오늘 사갖고 온 월계관은 상좌에 앉혔다. 상좌래야 별것 있나마는 강한 빛의 노출을 막기 위하여 키 큰 관음죽 밑에 자리를 마련해준 것이다. 이쯤 되면 강한 직사광선은 막을 수가 있다. 통풍을 위하여 베란다 바깥 창문은 밤낮으로 모두 열어젖혀 두었다. 거실에서 바라보이는 놈의 자태가 늠름하다. 선명한 복륜은 눈길을 다른 난으로 돌리지 못하게 한다. 굴러온 돌이 박힌 돌을 뽑는다는 말이 이때 딱 어울리는 말인 듯싶다.

갖고 싶었던 난을 구하였다는 자부심은 뿌듯했지만 아내가 약간은 걱정이다. 현직도 아니면서 만용을 부린 것이 아닐까 해서다. 아니나 다를까 아내의 반응이 시큰둥이다. 퇴근한 아내에게 가벼운 핀잔을 듣고 말았다. 많은 돈을 주고 산 난을 또 죽이면 어쩔 것이냐는 거다. 그러나 내 눈에 안경이요 콩깍지가 끼어 저질러 놓은 것을 어쩌란 말인가.

도둑고양이

가을빛은 도둑고양이다. 맘속에 소리 없이 기어 들어와 기어이 나를 밖으로 꼬드겨 낸다.

햇볕 좋은 어느 날 남부정류장에 계류되어 있는 운문사행 시외버스에 무작정 올랐다. 사람들이 붐빌 것 같았던 버스는 몇몇 중년부인들이 앉아 이야기에 열중할 뿐 너무나 한적하다. 출발하기 전 무료함을 달래기 위해 자판기에서 커피를 한 잔 뽑았다. 따끈한 커피가 목젖을 자극한다.

의자에 깊숙이 몸을 기댄 채 창밖에 펼쳐지는 풍광을 바라본다. 흔들리는 버스가 담티재를 넘어서자 산자락은 붉고 노란 빛으로 일렁거린다. 옆에 누군가 말붙일 이가 있었으면 좋겠다. 혼자 하는 여행은 자유로울 수는 있지만 마음은 허허롭다.

눈을 감았다. 지난 시간들이 파노라마처럼 펼쳐진다. 운문사를 찾은 건 교사 초년 시절이었다. 그해 여름방학 중 대의원 수련회를 그곳에서 가진다고 지금처럼 버스를 타고 갔었다. 차에 에어컨도 없던 시절, 만원버스에서 땀 냄새를 맡으며 차창을 연 채 먼지 풀풀 날리는 비포장도로를 달려갔던 일들이 생각난다. 지금은 자가용으로 여행하느라 버스는 텅텅 비어 있지만 그 때는 버스가 콩나물시루였다. 그래도 즐거웠다. 총각 선생으로 한창 인기를 모았던 나로서는 여고생들과의 여행이 무척이나 행복했던 거였다.

눈을 떴다. 차는 어느덧 구불구불 운문댐을 돌아가고 있다. 지난 여름 잦은 비로 인해 수위가 한껏 높아져 있다. 이 물로 경산과 청도를 포함하여 대구의 일부지역까지 식수로 공급 받을 수 있으니 다행한 일이다. 내가 집에서 식수로 받아먹는 물도 바로 이 물이다. 낙동강 물처럼 오염된 것도 아니고 자연이 숨 쉬는 청정한 물이니 얼마나 좋은가. 그러나 이 물도 오래도록 마실 수 없을 것 같다. 울산시에서 식수로 사용하겠다고 가져가려고 아우성이니 말이다.

이야기에 열중하던 부인들도 내리고 버스는 나 혼자뿐이다. 여기서 운문사까지는 혼자 대절버스다. 바라보이는 풍광은 감 주산지답게 온통 노란 감들이 달려 있다. 감을 좋아하는 아내가 슬며시 생각난다. 아내는 홍시만 있으면 만면 웃음이다. 나처럼 시골출신도 아닌데 어찌 그리 감을 좋아하는지 모르겠다. 저녁을 먹고 TV를 보다가도 출출하다 싶으면 홍시 네댓 개는 먹어야 직성이 풀린다. 아내가 홍시를 좋아하는 줄 알고 친구는 홍시만 생기면 우리 집에 가져다 주려 한다.

운문사 경내에 처진 소나무가 자태를 뽐내며 서 있다. 이 나무는 천연기념물 180호로 지정되어 보호 관리되고 있다. 얼마나 팔이 무거웠으면 저토록 늘어트려 있을까. 떠받치고 있는 받침대가 애련하다. 하늘이 싫어서였을까. 소나무는 본래 하늘을 향하여 힘차게 팔을 뻗쳐 나가는 게 제격이 아닌가. 옥황상제께 미움을 사서 아래로만 향하는 것일까. 겸양지덕을 갖춘 선비의 모습이다. 삼단 같은 머리를 잘 빗어 내린 여인네의 머릿결이다. 울타리를 넘어 소나무 밑으로 기어들고 싶다. 북적이는 인파들의 눈이 어딘데 감히 기어든단 말인가. 그랬다가는 무슨 경칠 일이 벌어질지도 모르는데 말이다. 솔 향과 더불어 봄에 준 막걸리 냄새가 훅하니 밀려오는 것 같은 착각에 빠져든다.

경내를 둘러본다. 감나무, 은행나무, 모과나무, 단풍나무가 어우러져 있다. 욕심쟁이 다람쥐는 제 것 훔쳐갈까 봐 저쯤에서 눈을 부라리며 바라보고 있다. 대웅전 뒤뜰에 바위솔과 세잎꿩의비름이 아름답다. 삼층석탑을 돌아 석조여래좌상을 바라본다. 불교인이 아니지만 마음의 평안을 느낀다. 계곡 가에 자리 잡고 앉았다. 명경지수다. 단풍잎 몇 개가 돛단배마냥 둥둥 떠다닌다. 그 아래 피라미들이 여유롭게 헤엄치고 놀고 있다. 왁자지껄 일군의 단풍객들이 몰려와 한낮의 정적을 깨운다. 건너편 산기슭 숲에 모이를 찾아 정신 없던 꿩 한 마리가 놀라 푸드덕 날아오른다.

그해 여름 학생들과 일박을 야영했던 곳에 가보고 싶었다. 그러나 통행을 막고 있다. 자연에 쉼을 주기 위해서란다. 사리암까지만 갔다 오겠노라고 사정을 했다. 깡마른 체구에 사팔눈을 뜨고 위아래로 훑어보던 아저씨는 한참을 머뭇거리더니 무슨 보시하듯 갔다 오란다. 사리암 가는 길은 단풍이 절정이다. 대입수능시험을 앞둔 학부모들이 사리암으로 불공 드리러 가는 차량들의 행렬이 꼬리를 문다. 어디쯤에서였을까. 폭포로 가는 길도 찾을 수 없다. 저쯤 어딘가에 춘란도 많았는데……. 오랜 세월이 흘렀으니 계곡도 많이 바뀐 듯하다. 그 때는 웅덩이 깊은 곳에 모래밭도 있어 텐트를 치고 일박을 했었는데 찾을 길 없다. 기억 속에 조용히 묻어 두어야 하나 보다.

짧은 가을해가 어느덧 서산을 기웃거린다. 휘 찬바람이 옷자락을 여미게 한다. 맘속에 기어든 도둑고양이를 이제 내려놓아야 할 시간인가 보다.

봄이 오는 소리

우수가 지나자 햇살은 어느새 고양이가 되었다. 살금살금 내 품으로 기어들고 있는 모습이 영락없는 고양이다. 겨우내 거실 깊숙이 내려 비추더니 이젠 저만큼 물러나 앉아 설익은 낮잠을 부채질한다. 햇살 따라 칼날같이 차갑게 불어대던 바람도 먼 피안의 세계로 사라질 날을 준비하기에 바쁜가 보다.

베란다의 보새는 학의 목같이 긴 꽃대를 뽑아 올리고 수줍은 듯 뽀얀 속살을 드러내고 있다. 터질 듯 풍만한 가슴을 드러내고 있는 중이다. 거실에 들이고 보니 향기를 가득히 채운다. 지난여름 내내 가슴에 간직하여 왔던 불가리 향보다 진한 향기다.

스트라빈스키의 <봄의 제전>이 방 안 가득 울려 퍼진다. 북극의 차디찬 긴 겨울을 이겨내고 맞이하는 봄은 얼마나 많은 희열을 가져다줄까. 불규칙한 리듬이 러시아 이교도들의 대지와 태양신에 대한 찬미로 극적인 분위기를 고조시킨다. 태곳적 삶의 정열이다. 겨울은 봄을 위하여 있어 온 게다. 겨울이 없었다면 저 태양의 고마움을 누가 알기나 할까.

창문을 열고 심호흡을 해 본다. 폐부로 느껴지는 바람이 한결 부드럽다. 창문을 덜덜 떨게 하던 그 바람이 아니다. 강바람을 타고 살포시 봄 냄새가 스며든다. 겨우내 밀폐된 공기만 마시던 화초들이 벙실거리며 기지개를 켠다. 먼지로 찌든 잎사귀를 물로 씻어 내고 마른 헝겊으로 닦아준다. 지난해 사들인 일본 춘란 월계관은 예쁜 꽃대를 안고 있다. 붉은 동백꽃 한 송이가 반쯤 입을 벌리고 해맑은 웃음을 보낸다. 어느새 군자란 꽃대가 살며시 고개를 내밀고 있다. 베란다에 넘실대는 햇빛을 안고 불어오는 바람에 저마다 고개를 살랑이며 아름다운 봄을 찬양하고 있다.

시골의 풍광은 도회의 것과는 사뭇 달랐다. 매화 가지엔 봄의 전령사가 살포시 내려앉아 길손의 눈길을 끌어 잡고 있다. 갯버들은 벌써 도톰하게 솜이불을 쓰고 나를 향하여 손짓한다. 양지바른 곳엔 가녀린 쑥이 부끄러운 듯 새색시마냥 고개를 내밀고 있다. 마술피리 소리 같은 버들피리 소리나 한하운의 보리피리 소리가 어디선가 들려올 것 같은 착각에 빠져든다. 먼 미로의 끝자락이 보이는 듯하다.

대지는 온통 봄이 오는 소리로 충만하다. 얼음장 밑으로 흐르는 물소리는 바이올린 소리다. 빨간 매화꽃 봉오리는 비올라를, 산수유 가지는 첼로의 깊은 음을 준비하고 있다. 종달새는 하늘 높이 피콜로의 가락을 연주한다. 강아지는 클라리넷을, 송아지는 호른을 맡아 제각각 열연이다. 지휘에는 수탉이, 오브리가토는 암탉이 맡아 노래한다. 대지의 노래다. 대지의 교향악이다. 지난겨울 모진 목숨을 견뎌낸 자의 환호성이다. 요한 슈트라우스의 활기찬 왈츠 <봄의 소리>보다 더 진한 감동의 소리다.

감포 항에도 봄은 내려와 앉았다. 정월 대보름을 맞을 채비가 한창이다. 달불을 지피기 위하여 모래사장 위엔 짚단이 모닥모닥 세워져 있고 그 옆 천막 안에서 부르는 무당의 푸닥거리 소리가 애처로이 한낮의 고요를 깨운다. 뱃사람들이 맞이하는 보름은 내지인과는 또 다르다. 거친 풍랑을 헤치고 사투를 건 고기잡이를 해야 하니 풍어와 생사에 대한 기원은 얼마나 간절할까. 내일이면 이 모래사장 위엔 풍어제로 풍악과 거친 함성이 가득할 테지. 그 또한 봄이 오는 소리가 아닐는가.

봄이 오는 소리는 아름다운 소리다. 그 소리는 생명을 잉태하는 소리다. 산부인과 어느 산실에서 울려 퍼지는 신생아의 고고한 울음소리 같다. 태양을 가슴 가득 품은 소리요 온갖 가능성을 다 짊어진 소리다.

그러나 그 소리는 꼭 시작을 위한 소리만은 아닐 듯싶다. 세상만사는 시작이 있으면 끝이 있다. 태어날 때가 있고 죽을 때가 있다. 생명의 소리가 있는가 하면 죽음의 소리가 있게 마련이다. 찬란한 봄의 소리 뒤에는 서글픈 가을의 소리가 있다. 그 소리도 귀 기울이고 들을 줄 알아야 한다. 계절이 숨바꼭질하듯 쳇바퀴를 돌리고 나면 죽음이 오는 소리가 서서히 들리게 된다. 생명이 약동하는 계절에 웬 죽음타령이냐고 힐난할지 모르나 죽음은 또 다른 잉태를 위한 준비가 아니겠는가. 우리 민요 <양산도> 가락 중에 이런 대목이 있다.

'세월아 네월아 오고가지를 마라.
아까운 이 내 청춘 다 늙어 가노라.'

세월이 가고 오는 것은 그냥 가고 오는 게 아니다. 인생도 같이 흘러간다. 청춘은 오래도록 머물러 주지 않는다.

봄이 오는 소리는 죽음을 위한 서곡이다. 정원에 아름답게 핀 꽃도 십일홍이다. 마냥 꽃 타령만 하고 있기에는 내게 주어진 일정이 너무 짧게만 느껴진다.

사랑하는 이와 대지가 진동하듯 몰려오는 봄의 소리를 오래도록 같이 나누며 꿈꾸고 싶다. 허무를 넘은 찬란한 봄의 꿈을…….

뿌리 깊은 나무

산을 오른다. 지난번 태풍에 쓰러진 나무들이 보인다. 강한 비바람을 견디지 못하고 나신을 누인 나무들이다. 암석으로 인해 뿌리를 밑으로 깊게 내리지 못하고 옆으로 뿌리를 뻗은 나무들인 게다. 송곳같이 뿌리를 내리박지 못했으니 어떻게 강한 비바람을 견딜 수 있었으랴.

어릴 적 고향마을 천변에는 수백년 묵은 버드나무들이 즐비하게 서 있었다. 지금은 다 베어져 버려 추억도 사라졌지만 그 때는 그것이 고향의 명물이었다. 그 나무들이 자란 하천은 밑으로 암석이 없었던 모양이다. 나무둘레를 감싸고 있던 모래가 휩쓸려 떠내려간

탓이리라. 얽히고설킨 뿌리는 깊게 패인 골마냥 허옇게 드러나 있었다. 우린 그 뿌리를 밟으며 어지간히 노닥거린 기억이 난다. 그렇지만 사라호 태풍 같은 강한 비바람과 범람하는 홍수에도 가지는 부러졌을망정 넘어지지 않은 것을 보면 그만큼 강하고 깊게 땅에 뿌리를 내린 모양이었다.

나무뿌리를 바라보며 많은 생각에 사로잡힌다. 사람의 생각도 저 나무뿌리와 마찬가지로 깊게 뿌리를 내릴 수는 없는 걸까. 물론 동서양 사상가들의 사상을 읽어 보노라면 그 깊이가 엄청난 것임을 깨닫게 된다. 멀리 볼 것도 없다. 함석헌의 저서들을 읽으면서 그 사상의 뿌리가 얼마나 깊은지를 실감한 적이 있다. 서슬 퍼런 군사정권 시절에도 굽히지 않던 그의 사상은 내게 큰 감명을 주었다.

조그만 사리사욕에도 필부필부匹夫匹婦들의 생각은 조변석개朝變夕改로 흔들리지만 사상의 뿌리가 깊은 자는 결코 잘 흔들리지 않는가 보다. 예수가 그랬고 석가가 그랬다. 소크라테스도 독배를 마시면서 자기의 사상을 지켜나갔다. 며칠 전 퇴계 선생의 종택을 다녀온 적이 있다. 그의 사상이 얼마나 깊고 넓기에 후학들은 아직까지 그를 흠모하며 찾아올까. 여름의 햇빛이 강할수록 시원한 나무그늘이 그리워지듯 나라가 어지러울수록 뿌리 깊은 그의 사상이 그리워지나 보다.

나무뿌리는 내 마음의 세계다. 돌아보면 나의 내면의 세계는 얼마나 깊고 단단할까. 비바람이 몰아쳐도 무너지지 않을 만큼 단단

한가. 돌이켜 보면 꼭 그런 것만도 아닌 것 같다. 음악을 평생의 업으로 생활했던 내가 갑자기 문학으로 눈을 돌린 것도 이상한 일이다. 이러다 주변만 맴돌다 끝나버릴 것이 아닐까 심히 걱정된다. 지금쯤은 어딘가로 돛을 올릴 단계가 아니고 어딘가에 닻을 내릴 단계다.

얼마 전에 당한 일이다. 삶의 현장에서도 흔들리지 말아야 할 텐데 그러지 못했다. 연일 보이스 피싱에 주의하라고 언론매체에서 말하고 있는데도 난 당할 뻔한 적이 있다.

어느 날 저녁 무렵이었다. 우체국에서 택배가 반송되었다면서 ○○카드를 발급 신청한 적이 있느냐는 것이다. 없다고 하자 카드가 반송되었는데 요즘 이런 종류의 사기가 많아 경찰청 사이버 대책반으로 신고하여야 하는데 연결해 주겠단다. 그때까지 난 그들의 말을 영락없이 믿고 꼼짝없이 그들의 수법에 걸려들고 말았다. 조금 있자 경찰청이라면서 전화가 와서는 내 신상에 대해 꼬치꼬치 캐묻는다. 금융거래는 어떻게 하고 있느냐면서 신고되지 않은 금융거래에 대해서는 자기들이 책임을 질 수 없다며 으름장을 놓는다. 당황하여 버둥대는 옆에서 아내가 거든다. 무슨 전화에 그렇게 상세하게 답하느냐는 거다.

순간 이게 아니다 싶은 생각이 떠오른다. 다시 다른 부서로 전화를 연결해 주겠다는 그의 말에 당신 이름이 누구며 그곳 전화번호를 대라고 말하자 일러준다. 급히 통화를 끝내고 그 번호로 전화를 하자 경찰청이 아닌 엉뚱한 곳으로 연결된다. 난 사기전화임을 곧 알아차렸다. 잠시 후 또 그들에게서 전화가 걸려왔다. 당신은 누구며 그곳이 어디냐고 다그쳐 묻자 얼버무리며 전화를 끊고 만다.

내 나름대로 그런 전화에는 당하지 않을 것이라고 생각은 했지만 순간적으로 말려들 뻔한 거다. 내 생각의 깊이가 얕았던가 보다.

뿌리를 드러낸 채 누워 있는 나무를 바라보노라니 내면의 단면을 보는 듯하여 가슴이 아려온다.

석화

베란다에는 여러 가지 화초들이 있다. 관음죽도 있고 보세며 각종 난초들도 여름 더위에 헐떡이며 잘 버텨주고 있다. 그 중에도 별 관심을 끌고 있지 못했던 석화란 녀석이 있다. 지난해 이사하면서 버릴까도 생각했으나 갖고 온 녀석이다.

이 녀석은 십 년 전 방촌동의 어느 아파트로 이사를 했을 때 지인이 사다준 것이다. 처음 받았을 때 세 가지로 뻗은 게 너무나 싱싱해 보였다. 잎은 꼭 치자나무 같은 게 가지 끝에 소복이 달려 있었다. 아마 열대성 식물인 것 같다. 옹기 화분에 버티고 서 있는 녀석이 군자다운 면모를 풍겼다. 여러 식물들이 어우러져 있었지만 유독 이 녀석에게만 정신이 팔렸다, 한동안 미친 듯 좋아했던 난초들도 비껴두고 아침마다 녀석과만 눈 맞추기에 여념이 없었다.

그런데 이런 마음을 아는지 모르는지 녀석의 관심은 다른 데 있는 것처럼 보였다. 햇살 좋은 남녘 창가에 두었지만 어딘가 불편한 거였다. 제가 살던 집을 떠나와 낯선 곳에 정착하기가 쉽지 않아서였을까. 달포쯤 지나자 잎이 하나둘 끝에서부터 마르기 시작하더니 끝내 다 떨어지고 말았다. 아뿔싸, 이게 웬일일까 싶어 식물원에 전화를 걸어봤다.

"배수가 시원치 않아 그런 것 같으니 분갈이를 해 보십시오."

급히 서둘렀다. 분을 비우고 마사토와 자갈을 섞어 배수가 잘되도록 해주었다. 통풍에 문제가 있나 싶어 분이 놓인 곳의 창문도 활짝 열어 두었다. 얼마가 지나자 가지 끝에 여린 잎이 살포시 고개를 내밀었다. 이젠 되었구나 안도의 한숨을 내쉬었다.

'겨울은 이대로 나면 되겠지.'

이듬해 봄이었다. 싱싱하게 보이던 잎이 괴로운 듯 또다시 신음하는 것처럼 보이기 시작했다. 꼭 봄을 타는 아이 같았다. 시름시름 앓던 녀석이 여름이 되자 괴로움 속에서도 예쁜 꽃대 하나를 쏙 내밀기 시작했다. 갓 태어난 아가의 손 같다. 토실토실 커나가는 꽃송이를 바라보는 재미에 푹 빠졌다. 첫사랑에 빠진 아가씨의 순정이 이러했을까, 한 송이 국화꽃을 피우기 위하여를 읊은 어느 시인의 마음이 이보다 진했을까. 환한 녀석의 미소는 그만 정신을 앗아가고 말았다.

어느 날 아침이었다. 돌돌 말려있던 꽃이 열리기 시작했다. 나팔꽃처럼 생긴 예쁜 녀석이다. 붉은 물을 뚝뚝 떨어 낼 듯하다. 어디서 이런 천사가 내 앞에 나타난 걸까.

그 해 여름은 녀석을 바라보는 재미에 더위도 잊고 말았다. 그러나 행복의 순간도 그 해 여름이 끝이었다. 녀석은 더 이상 내게 기쁨을 가져다주지 않았다. 원인도 모르게 잎을 지우고 피기를 반복하더니 꽃은 내게서 영영 떠나고 말았다. 그랬기에 이사를 하면서 버릴까 생각을 했던 것이다.

그랬던 녀석이 올해는 완전히 모습이 달라졌다. 볕은 따사롭지만 통풍은 여의치 못하여 전번 살던 아파트보다도 보기에 조건은 더 좋을 게 없다. 그렇다고 별로 달리 대해준 것도 아니다. 시비를 해주었거나 대단한 관심을 준 것도 아니다. 그런데 이 무슨 조물주의 조화란 말인가. 잎도 기름기가 번들거리고 꽃도 한 송이만 얼굴을 내밀었을 뿐인 녀석이 반란을 하기 시작했다. 얼마 전부터 붉은 꽃망울이 맺히는가 싶더니 가지마다 흐드러지게 꽃을 피운 것이다. 한 가지는 매어 달린 꽃의 무게를 견딜 수 없었던지 아래로 푹 떨어트리고 말았다.

이 집으로 이사를 한 것은 원해서가 아니다. 부득불 이사를 하지 않으면 안 되었기 때문이다. 퇴직을 얼마 앞두고 아파트에 투자한 것이 막차를 타고 말았다. 팔려 했으나 도저히 팔리지가 않아 살던 집을 헐값에 팔고 도심의 주상복합으로 이사를 한 것이다. 퇴직자가 도심의 큰 아파트에 산다는 게 영 마음 내키지 않아 전전긍긍해 왔다. 그랬는데 그 새 꽃피우지 못했던 석화가 무리지어 꽃을 피우는 걸 보니 집을 바라보는 마음이 달라진다. 집안에 무슨 경사가 있으려나. 이럴 땐 로또라도 한 장 사야 하나.

아침부터 볕 좋은 베란다에 앉아 녹차 한 잔을 손에 들고 석화를 바라본다. 볼수록 정이 간다. 도심 다주택세대는 풍수지리도 통하지 않는다는데 이 집은 과연 명당인가. 고사목 같던 석화가 줄줄이 꽃을 피웠으니 아들도 회사에서 승진하고 가손도 꽃처럼 번창했으면 좋겠다.

소나무

우리나라 사람들은 대부분 소나무를 좋아할 것 같다. 그러기에 애국가에까지 소나무가 등장하지 않았겠나. 소나무의 기상은 고난의 역사를 딛고 일어선 우리 민족의 기상과 같이 느껴진다.

소나무가 좋아 친구와 같이 충북 괴산까지 보러 찾아간 적이 있다. 그 나무가 바로 수령 500년이 넘은 천연기념물 제 290호인 왕소나무다. 이 나무는 삼송리에서 약 300m 떨어진 작은 소나무 숲에 있다. 줄기의 모습이 마치 용이 꿈틀거리는 것처럼 보여 용송龍松이라고도 불리는 나무다.

이 밖에도 우리나라에는 명품소나무들이 많이 있다. 속리산에는 정2품송이 있고 운문사에는 아래로 처진 소나무가 있다. 버드나무 가지같이 처진 소나무는 경북 청도 매전면에 있다. 문경에는 반송이, 울진에도 처진 소나무가 각각 그 위용을 자랑한다.

외국에서 우리나라 소나무를 봤을 때의 감정은 이루 말할 수 없었다. 뉴질랜드 크라이스트처치 시를 방문했을 때의 일이다. 공원 한 모퉁이에 일본이 우리나라 적송을 가져가서 심어놓은 것이 몇 그루 있었다. 아름드리로 자란 이 소나무가 하늘로 힘차게 뻗어 올라간 자태가 신비롭고 그렇게 반가울 수가 없었다.

관상적인 면도 있지만 실용적인 목적에도 소나무는 유용하게 쓰인다. 한옥의 주재료가 소나무다. 이 나무 중에도 춘양목이라 불리는 적송은 우리나라 궁궐이나 사찰을 짓는 데 필수적으로 쓰였다. 근래 이 나무가 부족하여 근정전 보수공사에는 러시아산이 쓰였다고 하니 안타까울 뿐이다. 숭례문 복원에는 이 나무가 쓰여야 할 텐데 벌써부터 걱정이다.

소나무의 강점은 뭐니 해도 늘 푸름에 있다. 비가 와도, 눈이 와도, 바람이 불어도 언제나 그곳에 꿋꿋이 서서 푸른 기상을 잃지 않는다. 선비들은 매 난 국 죽만 아니라 소나무의 정신도 간과하지 않았다. 그러기에 고난의 역사를 살다 간 충신들 같은 기개다. 수많은 내우외환을 슬기롭게 극복한 찬란한 민족의 정신이다.

한반도 전체에 골고루 퍼져있는 소나무는 땅이 척박해도 잘 자란다. 바위 사위에 조금이라도 틈이 있으면 그 틈새를 뚫고 뿌리를 내려 생존하고 있는 모습을 종종 보게 된다. 은해사 운부암 옆에는 큰 바위가 있다. 그 바위 틈새에 뿌리를 내리고 서 있는 소나무가 바로 그 현주소다. 이 땅에 뿌리내리고 살아가는 민초들의 억척 같은 삶을 보는 느낌이다.

소나무는 잎을 갈더라도 눈치 채지 못하게 한다. 속으로 한을 품고 미끄러지듯 한 잎 한 잎 소리 소문 없이 떨어트린다. 봄에도 갈고 여름에도, 가을에도, 겨울에도 잎을 간다. 끈질긴 생명력으로 잎을 갈아치운다.

한때는 필명을 일송一松이라 부르고 싶었다. 푸른 언덕에 고고히 서 있는 한 그루 소나무의 기개를 담기 위해서다. 세상 정욕에 휩쓸리지 않고 푸름을 자랑하는 소나무야말로 생각만 해도 멋지지 않은가. 겨울에 하얀 눈을 덮어 쓰고 있으면 그 또한 장관이다. 그렇지만 너무 고고할 것 같고 외로울 것 같아 그 필명은 쓰지 않기로 했다.

그 대신 요즘은 청목靑木이라 쓴다. 청목이라 함은 소나무의 정신을 본받고자 함이다. 육체적으로나 정신적으로 늘 푸르게 산다는 것은 귀중한 일이다. 남에게 피해를 주지 않고 자기만의 삶을 산다는 것 얼마나 중요한가. 난 소나무와 같은 삶을 닮아가기를 원한다.

근래 와서 소나무를 보는 나의 눈이 많이 달라졌다. 소나무를 볼 때마다 불쌍하고 측은한 생각이 든다. 사람이나 동물도 자기의 감정을 외부로 노출시키며 산다. 화가 나면 화를 밖으로 발산시키기도 한다. 코끼리도 유순하게 조련사를 따르는 것 같지만 화가 나면 무섭다. 조련사도 짓밟고 우리를 뛰쳐나가는 장면을 TV로 본 적이 있다. 식물이라 해서 어찌 화가 나지 않을쏘냐. 화가 머리끝까지 치밀어 오를 땐 자기의 모든 것을 털어내고 싶을 것이다. 그런데 소나무는 그러지를 못한다. 겨우 바람에 의지하여 가지 한 번 흔들 뿐이다. 가을이면 자기도 화려한 옷으로 갈아입고 싶을 테고 무겁고 힘든 잎들을 다른 나무와 마찬가지로 털어내고 싶을 것이다. 그러나 자기만 쳐다보는 사람의 눈이 무서워서일까. 반란 한 번 하지 않고 자기를 절제하고 있으니 얼마나 고단한 생이랴. 그래서 소나무는 다른 나무보다 나이테가 선명한가 보다. 밖으로 표출하고 싶은 감정을 속으로만 묻었으니 그러할 수밖에 다른 방법이 없었으리라.

나이테의 눈금에 세월을 묻으며 보지 않고 삼 년, 듣지 않고 삼 년, 말하지 않고 삼 년을 반복하며 살아온 게다.

송매宋梅

주변을 살펴본다. 어디를 둘러봐도 진품명품 하나 눈에 띄지 않는다. 그러나 일그러진 자기 한 점 없어도 나에게는 보물같이 애지중지하는 것이 하나 있다. 바로 몇 년 전 지인이 건네준 난분 하나가 그것이다. 나는 이것을 정성스레 돌보며 가꾼다. 사랑을 먹고 자라기 때문인가 마음을 알기라도 하는 듯 무더웠던 올 여름도 싱싱한 잎사귀를 뽐내주고 있다. 올해도 새 촉을 두 촉이나 내었다. 밀어 올린 연둣빛 새 촉이 새 가슴마냥 가슴을 콩닥거리게 만든다. 소심과 보세, 건란 등 몇 분이 더 있지만 유독 송매에만 마음이 쓰이는 것은 뭣 때문인지 모르겠다.

그렇다고 값비싼 주금화나 중투호, 자화, 복륜화 등의 한국 변종 보춘화도 아니다. 수수한 중국 춘란 송매일 뿐이다. 보세처럼 잎이 넓지도, 한란처럼 촉 세가 미인의 각선미마냥 길게 쭉쭉 뻗은 것도 아니다. 그저 소담하고 수수한 시골 아낙 같은 넉넉하고 수더분한 모습이다. 도톰하고 살포시 굽은 잎은 여인네의 휘어진 가는 허리 같이 정답다. 고층 아파트에 살기 때문인지 보세처럼 쉽게 꽃을 피워 주지 않아 애간장을 태운다. 올봄도 소녀의 가녀린 유두 같은 꽃봉오리를 봉곳이 밀어 올려주기를 바랐지만 허사였다. 하지만 바라볼수록 앙증맞고 다소곳한 자태가 마음을 앗아간다. 조용히 비라도 내리는 날이면 함초롬히 젖은 잎 살로 더욱 나를 반긴다. 그러면 어느덧 녀석과 하나가 되어 두런두런 사랑의 얘기들로 꽃을 피운다. 사랑의 세레나데가 불리어짐은 자연스런 현상이다. 베란다에 다른 식물이 많지만 여행갈 때 유독 마음 챙겨지는 것도 이 녀석이다. 특히 여름에는 더위를 먹기 일쑤인고로 매일같이 관수가 필요하다. 사랑하기 때문인가 어느덧 이놈은 나의 분신이 되고 말았다.

내가 난을 처음 접한 것은 한 십오륙 년 전쯤이다. 그 해 여름 제주도에 직원 휴양 차 간 길에 난 집에서 동양소심 한 분을 산 것이 난과 만남의 계기가 되었다. 친구와 같이 별 뜻 없이 구하였다. 선비는 난을 좋아한다는 말은 있지만 거기까지 생각이 미친 것은 아니었다. 그저 내 곁에 두고 보고 싶었다. 그러나 그것은 오만이요 난에 대한 불경이었다. 난에 대한 아무런 사전 지식도, 경험도 없고 보니 그 해 여름 이리 옮기고 저리 옮기며 물주기를 거듭하다 내 곁을 떠나보내고 말았다. 그 후 후배로부터 보춘화 한 분을 받아 키우며 난에 대해 이것저것 나름대로 공부하기 시작했다. 물 관리와 비료주기, 통풍, 소독을 어떻게 할 것이며 분주와 햇빛의 관리는 어떠해야 하는지를 공부한 것이다. 그 덕택에 단독주택에 기거할 때는 양지바른 곳에 난실을 설치하였다. 반그늘도 만들고 액비도 만들어 주면서 공을 들여 키웠다.

난을 재배해 본 사람은 알겠지만 아파트에서 난을 재배하기란 정말 어려운 일이다. 적당한 온도와 습도, 통풍, 거기다 필요한 일조량까지 있어야 하니까 난에게는 지옥이 따로 없다. 산다 하여도 어쩔 수 없이 생명을 유지하고 있는 꼴이다. 특히 지금 살고 있는 아파트가 남향이어서 난이 좋아하는 아침 햇볕을 쬐어주기란 거의 불가능하다. 뿐만 아니라 여름철 이외 계절은 습도가 낮아 가장 큰 애로사항이다. 때로는 가습기로 가습을 하여 주지만 역부족일 때가 많다. 지난해는 다른 화초분 하나를 베란다에 들여 놓은 것이 화근이 되어 혼이 난 일이 있다. 바로 민달팽이 때문이었다. 어느 날 저녁 베란다에 나갔다 꿈틀대는 이놈을 발견했을 때의 놀라움이란 이루 말할 수 없었다. 민달팽이는 주로 야행성이다. 낮에는 분 안에 있다 밤이면 슬슬 밖으로 나와 돌아다닌다. 그러다 이것이 난분에 침입하면 난초의 뿌리를 다 갉아 먹고 만다. 허겁지겁 문제의 화초분을 아파트 밖에 내다 버리고 베란다를 청소하고 민달팽이 구제 약을 구해 난분 위에 얹어 두었다. 지성이면 감천이랄까 더 이상 민달팽이 소동은 일어나지 않았다.

그런데 또 문제가 하나 생길 것 같다. 내년이면 살고 있는 아파트를 정리하고 분양받은 주상복합으로 이사를 가야 한다. 난초로 봐서는 여간 낭패가 아니다. 알다시피 주상복합은 밀폐된 상태여서 공기의 유통이 어렵고 베란다의 온도는 상승한다. 아파트보다도 훨씬 불리한 조건이다. 그래도 다행히 동남향이라 아침 햇빛을 받게 하는 데는 유리하겠지만 적당히 불어주는 바람이 있어야 한다. 최대한 통풍이 되는 곳에 가까이 둘 테지만 내 사랑을 잃을까봐 벌써부터 걱정이다.

성경에 이르기를 '너 보물 있는 곳에는 마음도 있다.'고 했다. 비록 곁에 고화나 다른 값진 골동품은 없을지라도 손때 묻고 정성과 마음이 머무른 그것이 내게는 가장 귀하고 값진 보물이다. 오늘도 변함없이 나를 묵묵히 지켜봐주고 무한 애정을 쏟아주는 이 녀석을 나는 영원히 아끼고 사랑하지 않을 수 없다. 너를 무한 사랑하기에, 너는 내 안에 있어 내 것이 되었노라.

제비

제비다. 어디서 날아온지 몰라도 석양을 등지고 힘찬 날갯짓을 하고 있다. 강물 위엔 금빛 노을이 아름답게 일렁인다. 호젓이 금호강둑으로 산책하는 길에서 만난 제비가 그렇게 반가울 수 없다. 코스모스가 하늘대던 가을 저녁 말없이 내 곁을 훌쩍 떠난 옛 여인이 문득 돌아와 내 앞에 선 그런 기분이다. 반가움에 짜르르 온몸에 전율이 일어난다. 제비와의 만남이 이토록 반가워질 줄이야 예전에 미처 몰랐다. 추수가 끝난 황량한 들판에 외로이 서있는 허수아비 같은 허허로운 삶에 새 기운을 불어넣어 주려는 듯 제비는 날렵한 비상을 한다.

제비가 왜 이곳을 찾아왔을까. 회색빛 시멘트 건물이 사막같이 펼쳐진 도회는 제비가 살 곳이 못된다. 마땅히 둥지를 틀 곳도 없고 적당히 사랑을 속삭일 곳도 없다. 제비에게는 시골 처마밑이 제가 살 곳이다. 사람과 사람 사이 인정의 샘물이 강물처럼 흐르는 그곳이 행복을 느낄 수 있는 공간이요 단꿈을 이룰 수 있는 낙원이다. 아담한 집들과 늘어진 전깃줄도 제비에게는 안성맞춤이다. 곡예하듯 옹기종기 붙어 앉아 지지배배 노래할 수 있는 곳이기 때문이다.

흥부전의 제비는 번듯한 와가瓦家가 아닌 초가지붕 밑이 삶의 공간이었다. 제비가 다리가 부러짐은 아마도 뱀 때문이 아니었는지 모르겠다. 뱀은 제비집을 털기 위하여 서까래를 타고 오르락내리락 다녔으니까. 어릴 적 제비집을 털기 위하여 처마 밑을 허연 배를 드러내고 기어 다니는 뱀을 종종 본 일이 있다. 사람들은 뱀을 두려워하기는커녕 집지킴이라 하여 절대 건드리지 않았다. 뱀으로 인하여 약간의 긴장감은 있겠으나 그곳이 제비에게는 생활할 수 있는 최고의 장소이다.

제비는 복의 상징이다. 봄을 기다림은 제비를 기다림이다. 제비를 기다림은 다가올 행운을 기다림이다. 음력 삼월 삼짇날이 되면 제비는 어김없이 찾아든다. 그 때 제비를 본 순간 "제비다."라고 외치지 않는다. "문둥이다."라고 외친다. 남의 집 귀한 얘기를 보고 "밉상이다."라고 하는 말과 같다. 귀한 것일수록 마수가 미칠까봐 그렇게 일컬음이다. 이렇게 제비를 부름은 흥부의 박 씨를 행여나 하나 얻어 볼까하는 얄팍한 마음이 깃든 것일 수도 있다. 우리네 민족의 샤머니즘 사상은 무언가 상스럽다 싶으면 섬기고 복 받기를 원했으니까. 돌에도 빌고 달도, 별도, 고목나무에도 빈다.

제비는 폭풍우를 두려워하지 않는다. 오로지 힘차고 날렵하게 뚫고 나갈 뿐이다. 연약한 몸으로 망망대해를 가른다. 제비에게는 분명한 목표가 있다. 안락하고 따뜻한 남쪽나라다. 목표가 있기에 넘실대는 푸른 파도 위를 날면서 피곤하다고 날개를 접지 않는다.

난 제비에게서 인생을 배운다. 인생을 살다 보면 원치 않게 우여곡절을 겪을 수 있다. 그 때 절망하면 인간은 죽는다. 긍정의 힘을 길러 비전을 키우고 건강한 자아상을 심어야 한다. 생각과 말의 힘을 발견하여 과거의 쓰라린 망령에서 벗어나고 역경을 통해 강점을 찾으며, 베푸는 삶을 살아 행복하기를 선택하는 멋진 삶이 되어야 한다. 좌절하지 않고 도전하는 그 불굴의 정신 말이다. 나를 두고 내 선배는 말한다. 의지의 표상이 바로 나란다. 돌아보면 틀린 말은 아닌 것 같다. 니체가 말한 초인적 의지가 아니라도 내 안에 꿈틀대고 있는 그 무언가가 있음은 굳이 부인하고 싶지 않다.

우리 집 처마 밑에 둥지를 틀고 있던 제비가 내게 행운을 가져다주어서 일까. 대학입학의 기쁨을 안겨 주었다. 넉넉지 못한 형편으로 대학에 진학한다는 것은 상상 못 할 일이었다. 그렇다고 꿈을 포기할 수는 없는 일. 길은 만들면 된다는 신념이 오기를 발동시켰다.

꿈이 있는 곳에 길은 반드시 열리리라 믿고 기도했다. 시험을 치는 내 마음에 한 가닥 희망의 빛이 보이는 듯했다. 드디어 발표일, 두근거리는 가슴을 안고 캠퍼스를 찾았다. 흰 눈이 살짝 캠퍼스를 덮고 있다. 합격만은 큰 의미가 없다. 또 다른 알파가 있어야 한다. 문은 두드리는 자에게 열리고, 찾고 구하는 자에게 얻어진다는 사실을 그날 깊이 깨달았다, 제비가 물어다 준 두 개의 봉투가 작은 손바닥 위에 소곳이 앉아 쳐다본다. 하나는 합격통지서이고 다른 하나는 전액 장학금이다.

내 앞에 팔랑대는 제비는 곧 떠나야 한다. 화려한 가을빛이 물러가고 이 땅에 찬 서리가 내릴 즈음이면 제비는 정든 집과 살뜰한 정도 두고 미련 없이 떠난다. 제비를 보고 인생을 깨닫지 못한다면 미련한 자다. 우리도 귀천歸天을 배워야 한다. 천상병 시인이 말한 화려한 귀천이 아니라도 좋다. 세상 소풍 끝났다고 언제든 말할 수 있어야 한다. 돌아갈 그 길이 아리랑 고개인지 구만리 머나먼 억겁의 길인지 모르나 어제도 갔고 오늘도 가고 있고 내일도 가야 하는 길이다.

추상秋想

난 걷기를 좋아한다. 노란 민들레가 방싯 웃음 짓는 봄 길도 좋지만 낙엽이 조용히 내려앉은 가을 길 걷기를 더 좋아한다. 가을 길은 내게 다정한 연인 같고 살가운 친구 같다. 밤새 내린 찬이슬은 영롱히 낙엽 위에 반짝이고 그 길 따라 걷다 보면 어느새 시인이 되고 인생의 모든 고민을 홀로 짊어진 듯한 철인哲人이 된다. 휘 불어오는 찬바람은 소리 없이 낙엽을 흩날리고 보도블록 위에 수북이 쌓인 낙엽은 잃어버린 젊음을 새삼 그리워하게 한다.

어릴 적에는 가을을 좋아했는데 고등학교 시절 국어 선생님의 강의를 듣고부터는 봄을 좋아하게 되었다. 그분께서는 춘하추동 사계절을 가지고 재미있게 풀이했다. 매 난 국 죽, 생 노 병 사라 봄은 매화의 계절이요, 여름은 난초의 계절이며, 가을은 국화의 계절이요, 겨울은 대나무의 계절이라 했다. 그리고 봄은 생이요, 여름은 늙음이요, 가을은 병이며, 겨울은 죽음이라 했다. 직업적으로도 봄은 선생이요. 여름은 과학자, 가을은 농부, 겨울은 선비가 적격이란다. 이렇게 풀이하면서 가을을 좋아하는 자는 들국화가 쓸쓸히 찬이슬 맞으며 피어나는 것처럼 몸에 병을 갖고 있는 자란다. 몸에 병을 갖고 있으면 억만금을 갖고 있더라도 쓸쓸해지기 마련이다. 가인박명佳人薄命이라는 말이 있듯이 겨울은 죽음의 계절이라 겨울을 좋아하는 선비는 일찍 죽는단다.

그 강의를 듣고 난 후 생각이 달라졌다. 가을을 좋아하면 농부가 적성이라니 그것이 싫었다. 농사란 지긋지긋하게 느껴졌다. 또 가을과 병이라니 이 무슨 해괴망측이란 말인가. 그 때부터 가을을 멀리하고 봄을 좋아하게 되었다. 봄을 좋아한 탓일까, 선생으로 일생을 살아 왔다.

그런데 언제부터인가 다시 가을이 좋아지기 시작했다. 건너편 담장에 매달린 붉은 담쟁이가 눈물샘을 자극하기 때문인가. 담쟁이의 붉은 물이 내 몸에 줄줄 흘러내릴 것 같다. 가을은 남자의 계절이라서일까, 멀리서 들리는 기적소리가 마음을 흔든다. 시리도록 파란 하늘과 곱게 물든 단풍잎은 떠나온 고향을 더욱 그리워하게 한다. 어디선가 낙엽 타는 구수한 냄새가 스멀스멀 코끝에 스며든다. 고향은 가을에 그리워함이 제격인가. 넓은 들판과 흐르는 개천이 나를 부른다. 이때쯤이면 집집마다 늘어진 감나무에선 붉은 감이 주렁주렁 열리고 핏빛보다 더 붉은 석류는 벌어진 입을 다물지 못할 테지. 고향 마을의 풍광은 뭐니 뭐니 해도 야트막한 굴뚝에서 모락모락 피어나는 연기다. 가을저녁 피어나는 연기가 골목길을 한 차례 휘감고 나면 구수한 된장 냄새가 온 마을에 진동한다.

가을바람에 실려 오랜만에 고향마을을 다녀왔다. 고향마을이라야 추억만 묻어날 뿐 아는 이는 거의 없다. 지금은 낯선 외지인들만이 고향마을을 지키고 있다. 반쯤 열린 삽짝 안에 강아지 한 마리가 외로이 졸고 있다 낯선 이방인을 쳐다보고 이내 꼬리를 살랑인다. 눈에 익은 골목길을 돌아 들판으로 나갔다. 들판은 이미 추수가 끝나 있었다. 젊음을 불살랐던 그 들판이 아니던가. 내 가슴을 새가슴마냥 팔딱이게 했던 옆집 계집아이가 있던 그 자리에는 적막만이 내려앉아 있었다. 가난이 싫어 몸부림치던 시절이었건만 그 때가 그리워짐은 왜일까. 그 시절을 생각하며 해거름에 들판에 서서 노래를 불렀다.

'기러기 울어예는 하늘 구만리~'

마침 기러기 떼가 북녘하늘로 날고 있다. 스산한 바람이 옷깃을 여미게 한다. 해질녘 황량한 가을 들판에 서보지 않은 자는 인생의 무상을 말할 수 없을 것 같다.

돌아보니 허수아비가 외로이 서있다 나를 보고 말을 건넨다.

"당신의 눈엔 내가 허수아비로 보이는가. 나를 허수아비로 보지 말게나. 내 눈엔 자네야말로 진짜 허수아비일세."

"아니야. 난 허수아비가 아니야. 이렇게 멀쩡하게 숨을 쉬며 살아 있는데 허수아비라니, 자네가 착각한 것일세."

그렇다. 착각은 허수아비가 아니라 내가 한 것이다. 왜 일찍 내가 허수아비인 것을 깨닫지 못했을까. 살아 있다고 실상은 아니다. 껍데기뿐인 삶, 그것은 두말할 것 없이 허수아비 삶이다. 허수아비가 새를 쫓기 위하여 그곳에 서 있듯이 나도 자녀를 위하여, 가정을 지키기 위하여 단 한 발짝도 나서지 못하고 살아왔다. 그런 나의 삶이 허수아비가 아니고 무엇이란 말인가.

가을은 낙엽의 계절이다. 낙엽은 새 생명을 배태시키고 나무를 위하여 떨어진다. 붉게 물든 나뭇잎을 바라보고 우리는 즐거워 하지만 낙엽은 나무에게는 피눈물의 소산이다. 나무는 자신의 분신을 떨쳐 내기 위하여 피눈물을 쏟고 있다. 푸른 잎에서 붉은 잎으로의 변신은 말만큼 쉬운 일이 아니다. 변신을 한 번이라도 시도해 본 자는 나무의 고통을 이해할 수 있다. 자신의 분신을 떨쳐 낸다는 것이 그리 쉬운 일인가. 여름내 영양분을 공급하여 주던 살가운 잎새가 아닌가.

싸늘한 바람이 포도 위로 몰아친다. 질주하는 차량의 바퀴에 짓눌리어 낙엽은 애절한 고통을 호소한다. 눈발처럼 휘날리는 낙엽에 달리는 차야 한껏 기분 좋겠지만 낙엽은 찢어지는 육신의 아픔을 참아야 한다.

어느 집 문간에 핀 노란 국화가, 걷고 있는 나의 발걸음을 가벼이 하는 것을 보니 가을은 저만큼 내게서 멀어지나 보다.

수양버들

강변에 앉아 수양버들을 바라본다. 벌써 봄의 신령에 사로잡혔나 보다. 나날이 연둣빛 색깔을 달리한다. 언제 움이 돋았는지 참새 입 마냥 잎을 쪽쪽 벌리고 있다. 아래로 늘어뜨린 가녀린 가지는 어머니의 머리카락 같다. 어딘가에서 버들피리 소리가 들리는 듯하다. 고향의 소리요 마음의 소리다.

봄은 매화꽃 등걸을 타고 오는 것 같지만 난 수양버들 가지를 살포시 잡아 타고 온다고 하겠다. 겨우내 회색빛 하늘에 짓눌려 버린 마음이 가지 위에 조용히 녹아내리면 잃어버린 고향이, 내 젊은 날이 보인다. 가지 사이로 파란 하늘이 열려있다. 고향의 하늘이었으면 좋겠다. 두 팔을 벌리고 폐부 깊숙이 봄의 향기를 빨아들인다. 상큼한 봄 냄새가 후각을 자극한다. 냉잇국 한 사발 후루룩 뱃속 깊이 마셔 들이고 싶다. 냉이, 파, 마늘, 고추를 듬뿍 썰어 넣은 짭조름한 된장찌개가 그립다.

사는 게 뭔지, 뭐가 그리 바빠 얼굴조차 마주칠 수 없다니. 헤어진 어릴 적 친구들이 그립다. 수양버들 가지를 꺾어 버들피리 만들어 하루 종일 불고 다니던 그 친구들 말이다. 지금은 다 곁을 떠나고 홀로 강가 이 가지 아래 서서 지난날을 생각하다니……. 만감이 교차한다. 가지 하나를 잡아 본다. 물이 올라오는 소리가 느껴진다. 이 강물을 몽땅 몸속으로 빨아들이려나 보다. 기관차보다도 더 거대한 소용돌이가 몸부림친다. 동맥의 흐름이다. 수즙은 처녀의 심장 소리다. 소리를 듣노라니 오만 생각이 떠올라 나를 어지럽힌다. 흘러가는 강물이야 내 마음을 잡을 수 없겠지만 봄바람에 일렁이는 저 가지는 마음을 잡아줄 수 있으려나.

수양버들은 강변이나 습지가 자라기엔 안성맞춤인 모양이다. 그러기에 즐겨 운동 삼아 거닐고 있는 금호 강변에는 유난히 이 나무가 많은 것 같다. 한때는 가로수로도 많이 심어졌지만 5월경에 날리는 꽃씨로 인하여 사람들이 싫어했다. 수양버들은 내가 살던 시골에도 왕버드나무와 함께 강변에 많았다. 봄이면 또래들이 모여 실가지를 꺾어 돌돌 말아 머리에 관처럼 쓰고 다니기도 했다. 연약한 가지는 만들고자 하는 대로 쉽게 모양을 휘어잡을 수 있었다.

수양버들은 갈대다. 바람에 가지가 쉽게 흔들리지만 그렇다고 잘 부러지지는 않는다. 세속에 마음을 주지만 자기의 절개를 굽히지 않는 기개와 같다. 가지는 바람에 나부끼지만 뿌리는 흔들리지 않는다.

사육신을 생각한다. 올곧은 선비정신이 떠오른다. 그 정신이 이 땅을 지탱할 수 있는 힘이었는지 모르겠다. 그러나 조금 휘어질 수는 없었을까. 그랬다면 무참히 꺾이지는 않았을 것을. 꺾이고 나면 후사를 도모할 수도 없다. 가지가 가늘다고 비웃을 필요가 없다. 바람에 나부낀다고 누가 그를 탓할쏘냐. 폭풍한설에 휘어지지 않으면 부러진다. 부러지면 회복이 불가능하다. 송도삼절의 하나인 황진이의 마음이 저랬을까. 뭇 사내들에게 술잔을 기울였지만 그 마음을 사로잡은 이는 오로지 화담 서경덕뿐이었다.

수양버들 아래에 서니 잊어진 노래가 생각난다. 이탈리아의 작곡가 토스티가 작곡한 Aprile(사월)이다. 동서를 막론하고 시인들은 봄을 노래하는가 보다. 그러기에 목월은 사월은 생명의 등불을 밝히는 달이요 빛나는 꿈의 계절이라 했다. Aprile의 가사를 우리말로 옮긴 것을 보면 봄에 대한 정서는 대동소이한가 보다.

'그대는 못 느끼나 봄날의 향기가 퍼져 오는데
그대는 못 느끼시나 꾀꼬리의 아름다운 노래를
화창한 사월은 사랑의 계절이네

아, 오소서 내 사랑 꽃피는 들에
화창한 사월아 사월아'

이 노래를 채동선 작곡의 '고향'에 가사를 다르게 고친 박화목의 '사월'과 더불어 학창시절 무던히도 부른 것 같다. 거기다 곡이 유려하고 가사가 좋아 젊은 날 소년소녀 합창단을 지휘할 때 편곡하여 불렀으니 그 때가 생각난다.

사월은 제비꽃과 벚꽃 길 사이로 걸어온다. 가슴에는 찬란한 오월의 장미를 한 가득 안은 채 어여쁜 흰 나비의 등걸을 타고서 말이다.

사월의 태양은 금빛 가득 안고 인사한다. 꽃향기 속에 소망의 환희를 싣고서 찾아온다. 봄 향기가 묻어난다. 실가지에 바람이 인다. 강 건너 산자락을 휘감아 돌아온 바람이다. 수많은 날이 흘러갔지만 내 마음 강물 위를 날고, 늘어진 버들가지 위에 머문다.

2
발길 가는 대로

남도 여행

오월이다.

지겹도록 구질구질하던 날씨가 언제 그랬느냐는 듯 기온도 올라가고 잎새로 비쳐지는 햇빛 또한 도탑다.

모처럼 집사람이 연휴라 슬슬 발동이 걸린다. 가까이 지내는 친구 내외를 꼬드겼다. 같이 떠나잔다. 친구 안사람도 연휴라 천만다행이었다. 차도 세차하고 정비도 받았다. 이제 떠나면 된다. 동해로 가야 하나 서해로 가야 하나 망설이다 몇 년 전 가려다 놓친 남해의 다도해로 떠나기로 했다.

구마고속도로를 지나 남해고속도로로 내비 양의 안내를 받으며 신나게 내달렸다. 푸른 산야가 시원하게 펼쳐진다. 창문을 조금 내리자 밀려 들어오는 봄의 향취가 도심에 찌든 폐부를 말갛게 씻어준다.

차는 어느덧 순천톨게이트를 빠져나왔다. 지난가을 문학기행 차 둘러보았던 순천의 명소들이 이정표에 나타났다. 조정래문학관을 거쳐 사먹었던 꼬막정식이 생각났다. 갈대밭은 지금쯤 새순이 돋아날 테지.

보성과 강진을 거쳐 드디어 도착한 땅끝마을 선착장 입구, 아담한 쌍 바위가 눈길을 끈다. 연전 이곳을 왔을 때 떠오르는 아침 해를 바위 사이에 맞추어 사진을 찍으려 늘어서 있던 사진작가들의 모습이 눈에 선하다.

보길도를 향하는 배가 떠나겠다고 길게 고동소리를 울린다. 배에 올랐다. 성수기가 아니라 배 안은 사람들이 붐비지 않아 좋다. 다도해의 섬들이 떠나가는 발길을 붙잡을 양인지 앞에 늘어서 있다. 바다는 잠에 취한 듯 조용하다. 갑판에 올라 시원한 바람을 맞으니 나도 모르게 '떠나가는 배' 노래가 흥얼거려진다.

보길도는 무슨 관광지로 유명세를 타고 있는 곳도 아니다. 바다가 좋고 윤선도의 귀양살이로 유명해진 곳이다. 그의 어부사시사는 학창시절 배우지 않았던가. 세연정과 낙서재樂書齋를 둘러 송시열이 글 쓴 바위를 둘러보았다. 가파른 해안가 뾰족바위로 불리어지는 그곳에 송시열이 쓴 글씨가 새겨져 있었다. 누군가 탁본을 뜬 모양이다. 바위 글씨는 검게 칠해져 있다. 우린 그 글씨를 찾는다고 가파른 벼랑을 한참이나 헤매곤 했다.

민박집은 여행객이 없어 우리들 차지였다. 민박이라면 방 하나 달랑 있을 줄 알았는데 그게 아니었다. 콘도같이 차려져 있어 취사를 할 수 있어 좋았다. 여름 성수기 같으면 이용료도 부르는 게 금이었겠지만 저렴한 가격에 들었다. 해안가에 자리 잡은 집이라 창을 열면 남해 바다가 한눈에 들어왔다.

이튿날, 날이 밝자 해안가로 산책길에 나섰다. 해수욕장 옆에 있는 아담한 초등학교가 눈길을 끈다. 여름 성수기 때면 각종 수양회로 붐빌 만한 곳이다. 정원은 아름답게 꾸며져 있다. 낯선 이방인의 발걸음을 소리 없이 맞아들인다. 초등학교는 어디를 가더라도 어머니 품같이 아늑해서 좋다.

돌아오는 길, 강진의 백련사를 찾았다. 대한불교조계종 22교구 본사인 대흥사의 말사이다. 일명 만덕사로도 일컬어지는 백련사는 아담한 사찰이다. 주위에 둘러진 천연기념물 제151호로 지정된 동백나무 숲이 5월의 태양을 맞아 싱그러움을 더한다. 한 며칠 세상사를 잊은 채 머물다 가고 싶은 곳이다. 초파일을 앞두고 사람들의 발걸음이 빨라진다.

백련사와 다산초당은 이웃 간이다. 다산이 유배되어 지나던 곳, 강진군 도암면 만덕리에 있는 이곳은 지금은 사적 제107호로 지정되어 관리되고 있다. 이곳에서 정약용은 18년간이나 유배생활을 했다니 기나긴 그의 유배생활에 가슴이 아린다. 그가 여기서 집필한 목민심서는 지금도 나라를 다스리고자 하는 자들에겐 필독독서의 하나로 꼽힌다. 학창시절 읽은 이 책이 지금은 머리에 남아있는 것이 별반 없으니 한번쯤 다시 읽어 봐야겠다.

남도를 갔으면 빼놓을 수 없는 곳이 보성차밭이 아닐까. 참새가 방앗간을 그냥 지나칠 수 없듯이 녹차를 좋아하는 난 그곳을 놓치지 않았다. 잘 가꾸어 놓은 메타세콰이어 나무가 하늘을 향해 쭉쭉 뻗어 있다. 길을 걷노라니 피톤치드가 이슬처럼 흩뿌리는 것 같이 느껴진다. 잘 정리된 차밭의 풍광이 아름답다. 이곳에서 사진작가들은 아침햇살이 내려쬐일 때 사진을 찍는다고 한다.

얼마 전 TV에서 녹차에 농약성분이 많이 들어 있다고 보도한 적이 있다. 그러나 이곳에 와서 보니 농약을 치지 않고 재배한다니 일단은 안심이다. 시음회를 하는 찻집에서 차를 시켜먹으니 녹차의 진한 맛을 느낄 수 있다. 차를 한 통 사기로 했다. 매장을 둘러보니 곡우 전에 채취한다는 우전차가 보인다. 세작차도 있지만 우전차가 좋을 것 같아 한 봉지 샀다. 맛이 더 순할 것 같아서였다. 값도 생각하던 것보다 저렴하다.

오늘 아침 그 때 산 우전차를 거실에 앉아 우려 마시니 남도의 풍광이 눈에 아롱거린다. 따뜻한 찻잔의 기운을 손으로 느끼며 눈으로는 잔 안에 감도는 녹색의 은은한 빛깔을 즐긴다. 피어오르는 향내를 코로 즐기고 혀끝으로 감도는 녹차의 맛을 음미한다.

담양에 부는 바람

몸담고 있는 수필단체에서 가을빛 따사로운 날 담양으로 문학기행을 떠났다. 담양은 호남 내륙에 둘러싸인 관계로 바다의 수려함이나 우뚝 솟은 산세의 위풍은 느낄 수 없다. 뿐만 아니라 유명한 국보급 문화재가 산적한 곳도 아니다. 또한 시인묵객이 입에 침이 마르도록 예찬할 만한 그 무엇도 보이지 않는다. 그런데 무슨 까닭으로 많은 사람들이 이곳을 찾는 걸까.

얼마 전 미국에 갔을 때 애리조나 주를 찾은 일이 있다. 그랜드캐년을 지나 두어 시간을 달리다 보면 암석과 토양에 철분이 잔뜩 들어있어 온통 붉은 빛이 어우러지는 멋진 곳 세도나에 도착하게 된다. 이곳은 아메리카 인디언들의 성지로 불리었던 곳이다. 유명한 종 바위가 내려다보고 있는 세도나는 애리조나 중부에 위치한 작은 마을일 뿐이다. 그런데 왜 이곳이 유명하게 되었을까. 그 이유는 전 세계에서 가장 기氣가 세게 흐르는 곳이기 때문이다. 동양에서 풍수지리학이나 氣에 관한 학문이 발달하듯이 서양에서는 초자연적인 에너지를 가진 보르텍스vortexes란 기에 대한 연구가 활발하다. 이곳에 박찬호 선수도 시즌이 끝나면 기 치료를 받고 휴식을 취하기 위해 다녀갔다고 한다. 기가 너무 세게 흘러서일까, 갖고 있던 카메라의 액정이 깨지고 말았다.

담양에 도착했을 때 받은 인상이 꼭 세도나 같은 느낌이다. 붉은 산세가 아니라도 포근함 속에 무언가가 흘러내릴 것 같다. 잔잔한 담양호나 죽록원, 메타세콰이어 거리에서 부는 바람이 세도나의 기를 느끼게 하기 때문일까. 대나무 숲이 이토록 아름답게 느껴지기는 처음이다. 하늘을 향해 뻗어 있는 대나무가 열병하는 군인들의 모습 같다. 서걱대는 바람소리가 좋다. 밤중에 홀로 이곳에 서 있다면 어떤 기분이 들까. 무서움, 아니면 외로움일까. 두 팔을 벌렸다. 깊은 숨을 쉬어본다. 폐부 깊숙이 빨려 들어오는 이 공기, 세도나의 보르텍스보다 강하다.

대나무의 생명력은 2차 대전 때 원자폭탄이 히로시마에 떨어졌을 때나 월남전 때 고엽제 살포에도 끄떡없이 살아남음으로 증명된 바 있다. 뿐만 아니라 대나무 잎은 오래 전부터 민간의약으로 쓰여

왔다. 당뇨병 개선에는 탁월한 효과가 있단다. 아울러 죽엽이 갖고 있는 펩타이트 성분은 고혈압, 동맥경화, 콜레스테롤 개선에 도움이 된단다. 그러기에 이 고장에서 생산되는 청죽환을 난 오래 전부터 상복하고 있다. 대나무의 기가 신장과 방광을 자극해서일까 갑자기 오줌을 싸고 싶다. 쭉 뻗은 대나무에 한 다리 들어 올리고 시원스레 생리를 해결해 버린다면, 인격이란 가면은 거추장스러운 게다. 덕지덕지 씌워진 나보다 원시의 그 모습이 보고 싶다.

소쇄원瀟灑園을 들렀다. 한국 민간 정원의 원형을 간직한 곳이다. 조선 중종 때 소쇄공 양산보의 주도로 만들어졌단다. 들어가는 입구부터 대바람이 분다. 이름이 참 특이하다. 소쇄瀟灑란 '맑고 깨끗하다.'는 뜻이 아니던가. 낙엽이 계곡을 덮고 있다. 그 사이로 흐르는 물줄기가 한가롭다. '으흠' 헛기침을 해본다. 도포자락이 일렁인다. 학춤이라도 추려는 것일까. 선비들의 풍류가 느껴진다. 어디선가 낭랑한 창과 더불어 가얏고와 거문고의 가락이 들려올 것만 같다. 이러한 정원은 자연에 대한 인간의 경외와 순응, 도가적 삶을 산 조선시대 선비들의 만남과 교류의 장이었다. 경관의 아름다움이 탁월하다. 지금은 옛 모습을 다 간직하지 못한 채 대봉대, 광풍각, 제월당 등의 건물만이 조용히 자리 잡고 있다.

우리나라의 정원은 인위적인 가미를 하기보다 자연을 최대한 활용한 것을 볼 수 있다. 좌청룡 우백호를 앞으로 거느리고 바라다보이는 모든 것을 품 안에 간직하고 있다. 그러나 일본정원은 그렇지가 않다. 샌프란시스코에 가면 골든게이트 파크가 있다. 딸아이 집이 21번가에 있어 바로 그 옆이 공원이다. 공원을 가로질러 19번가 도로가 쭉 뻗어 있다. 그 도로를 가다 보면 유명한 금문교도 나온다. 도로 옆에 일본정원Japanese Tea Garden이 있다. 햇볕 따사로운 날 쪼이는 햇살을 받으며 마시던 녹차의 맛이 혀끝에 맴돈다. 원시림이 우거진 공원을 잘 이용하여 아름답게 꾸며놓은 곳이다. 원내에는 작은 시내가 흐르고 무지개다리와 오층탑, 다실, 산책로 등이 꾸며져 있다. 일본 본토 정원은 가보지 못해 단정할 수는 없을 것 같으나 그 곳만 보아도 일본정원의 특징을 알 것 같다. 일본정원이 꾸미고 잘 차려입은 도시 처녀 같다면 한국의 정원은 순수미를 간직한 농촌 아낙이라고 할까. 일본정원이 헤즐넛 커피 맛이라면 한국정원은 은은한 녹차 맛이라 하겠다.

빛깔 고운 담양의 하루해가 저문다. 사그라지는 영혼에 충만히 기를 받았으니 돌아가는 발걸음이 가볍다.

땅 끝에 서다

비가 온다.

봄비치고는 제법 많은 양이다. 바람까지 몰아치고 있으니 을씨년스럽기도 하다. 설악산 여행을 가기로 했으나 비로 인해 취소하고 말았다. 내리는 비를 바라보고 있자니 얼마 전 다녀온 곳이 생각난다. 그날도 비는 지금처럼 내리고 있었다.

유럽의 최서단 포르투갈의 까보 다 로까CABO DA ROCA에 섰다. 대서양에서 불어오는 바람이 빗줄기를 타고 살갗에 파고든다. 포르투갈의 국민시인 루이스 드 까몽이스가 로까곶을 소재로 쓴 시가 십자가 기념비에 새겨져 있다. '여기서 육지가 끝나고 바다가 시작된다.'는 글귀다. 해발 140m 화강암 절벽 위에 세워진 기념비와 까몽이스의 시가 유럽의 땅 끝 마을임을 알려준다. 이곳은 버리는 곳이란다. 유럽인들은 여기에 와서 가슴속에 있던 모든 것들을 통회하며 다 버리고 간단다. 버려야만 채울 수 있다. 절벽 아래 부딪히는 파도와 대서양의 먹구름 덮인 바다를 향해 고래고래 소리를 질러본다. 슬픔이나 원망, 미움과 분노도 모두 다 버릴 수만 있다면 무엇인들 못 하랴.

멀리서 푸른 파도를 타고 로까곶 언덕배기를 지나 파두가 들려오는 듯하다. 프랑스에는 상송이, 이태리에는 깐쏘네가 있다면 포르투갈에는 파두라는 민속음악이 있다. 파두fado란 라틴어 fatum숙명에서 파생된 말이다. 어원의 뜻처럼 노래의 대부분 주제는 숙명, 고난, 좌절, 절망, 죽음에 대한 것들이다. 파두의 대표적인 가수는 '파두의 여신'으로 불리어지는 아말리아 로드리게스Amalia Rodrigues다. 그녀가 얼마나 포르투갈 인들의 정서를 대변했기에 죽었을 때 정부는 3일간 애도기간을 선포하고 조기를 게양했겠나. 그녀의 운구가 성당을 거쳐 떠나던 날 운집한 시민들은 열렬한 박수로 그녀를 그들 곁에서 떠나보냈다. 유해는 가톨릭 신자들이 묻히기를 원하는, 그렇다고 아무나 묻힐 수 없는 곳, 거룩한 성당에 안치되었다. 그것도 리스본의 국립 판테온인 산타 엔 그라시아 성당이었다.

나도 세상을 살다가 생을 다하는 날 가족들과 온 교우 친지들의 박수를 받으며 마지막 길을 갈 수 있다면 좋겠다. 그것이 생을 보람

있게 살다가 갔다는 증거가 아닐까. 비록 아말리아처럼 온 국민의 박수를 받으며 살지는 못했다 할지라도, 이름 없이 빛도 없이 살다 간 한 영혼을 위해 그것이 최선의 길은 아닐는지…….

일반적으로 바닷가를 낭만적으로 생각하지만 바다를 생활터전으로 삼고 있는 사람들에게는 그렇지 못하다. 배를 타고 고기잡이 나간 남편을 기다리다가 돌아오지 않는 남편 때문에 지쳐버린 한 여인의 사연을 부른 아말리아의 대표적 노래가 '검은 돛대를 올린 배(검은 돛대)'라는 곡이다. 비가 내리고 있는 오늘 같은 날 이 노래를 듣노라니 더 애잔히 느껴진다. 삼면이 바다인 우리네 어부들의 삶의 한 단면을 보는 것 같아 가슴이 찡하다.

아시아의 땅 끝 해남마을 거쳐 거기까지 갔으니 대단한 거리다. 북한 땅으로 열차만 연결될 수 있다면 몇 날 며칠이 걸려도 아시아를 거쳐 유럽대륙을 지나 그곳까지 갈 수 있겠지. 열차에서 자고 먹으며 바깥 풍광을 감상하다 보면 느긋한 여행이 될 수 있으리라. 광활한 중국대륙을 거치며 때로는 내려 관광도 하고 또 유럽대륙을 횡단하다 보면 다양한 문물을 접할 수 있을 터.

까보 다 로까에 서니 엔리케 왕자와 콜롬버스가 생각났다. 포르투갈이 희망봉과 인도항로를 개척한 것은 엔리케가 깔았던 해양인프라 덕분이었다. 우리네 선조들은 대륙만 생각했지 더 넓은 바다를 놓친 것이 한스럽다. 독도를 우리가 실효지배하고 있지만 일본이 자기네 땅이라고 외치는 것을 보면 일찍 대양을 차지하지 못한 우리네의 선조들이 원망스럽기까지 한다. 눈앞에 보이는 대마도도 놓쳐 버린 선조들이 아니었던가. 이러고도 우리가 대양민족이라고 우길 수 있으랴. 지금에 와서야 대양을 바라보고 제주도에 해군기지를 건설하려 하지만 해적기지라 일컬으며 반대하는 세력이 만만찮다. 그들은 바다를 지키려던 이순신을 모함하고 당쟁만 일삼던 자들과 한 패거리임이 분명하다. 해상 왕이라 일컬어지는 장보고가 있었지만 대양의 개척자는 되지 못했다. 동으로, 남으로, 서해로 발을 뻗어 해상을 개척했더라면 얼마나 좋았을까.

로까언덕이 생각난다. 그곳에도 그날처럼 비바람이 몰아치려나. 아마도 아말리아의 슬픈 노래가 언덕을 넘어 붉은 등대를 휘감고 돌아들겠지.

'점점 가까이 다가오는 남편의 배, 그러나 그 배에는 검은 돛이 달려 있었습니다.'

못다 핀 꽃

북미여행의 마지막 일정이 알라스카 관광이었다. 눈 덮인 록키의 웅장함과 빼어난 산수도 좋았지만 이곳 알라스카에서 느끼는 분위기는 사뭇 다르다. 산세부터가 압도한다. 어저께 본 빙하는 록키의 빙하와는 비교가 되지 않을 만큼 우람차다. 얼음을 깨면서 전진하는 배 위에서 바라본 빙산은 전체가 무너져 내리는 기분이다. 바다 얼음 위에 앉아 노닥거리는 물개들의 모습이 정겹기만 하다. 알라스카의 일정이 짧은 편이라 에스키모의 삶을 실제적으로 살펴보지 못한 아쉬움이 못내 남지만, 박물관을 통해 섬세한 그네들의 삶을 대체적으로나마 엿본 것만도 큰 수확이라 생각된다. 평화롭게 살던 원주민들은 원치 않게 러시아인이 되었다가 1867년 러시아가 미국 정부에 720만 불 받고 팔아 지금은 미국의 49번째 주로 편입되어 살고 있다. 힘이 없으면 누구나 그렇게 되는 모양이다.

매킨리 봉을 둘러보기 위해 사흘째 되는 날 Denali국립공원의 경비행기장을 찾았다. 멀리서 바라봐도 눈 덮인 매킨리의 웅장함은 대단한 중압감으로 다가온다. 매킨리를 향한 등산객들이 경비행기장 군데군데 모여 있다. 매킨리는 해발 6,191m의 거봉이다. 등산객들도 경비행기로 어느 지점까지 가는 모양이다. 종이비행기 같은 경비행기는 우선 보기가 아슬아슬하게 느껴진다. 지금까지 무사고라고 가이드는 말하지만 불안감은 감출 수 없다. 애초부터 경비행기로 매킨리봉을 관광하는 것은 옵션으로 되어 있는 터라 우리 일행은 타지 않기로 했지만 가이드를 포함해 셋은 타기로 했다. 나도 타고 싶었지만 혹시나 흔들리는 경비행기로 인해 혈압에 이상이 올까 두려워 타지 않기로 했다.

그들이 떠난 후 근처를 둘러보다 공동묘지를 발견했다. 묘지에 들러 살펴보던 중에 한글로 씌어진 작은 묘석을 발견했다. 1994년 메킨리봉을 등정하다 숨져간 김기원(26세)과 이상명(25세)의 젊은 영혼들 이름이었다. 숙연한 마음으로 옆으로 돌아서던 중 걸개로 만들어진 묘비명을 보고 깜짝 놀랐다. 고상돈과 이일교의 이름이었다. 이들 중 고상돈 대원은 누구였던가? 한국 등반의 신기원을 개척한 인물이 아니었던가? 그는 1977년 9월15일 한국인 최초로 에베레스트를 정복한 인물이었다. 그러나 1979년 매킨리 원정대의 등반대장으로 참가하여 등정에는 성공했으나 하산 도중에 자일 사고로 5월 29일 이일교 대원과 함께 숨진 인물이었다. 그의 나이 꽃다운 31세 때였다. 쓸쓸히 세워진 묘비 앞에 잠시 고개 숙인 후 근처의 야생화들을 한줌 모아 그 앞에 가져다 놓았다. 외로운 영웅의 영혼을 잠시나마 진혼시키고자 함이었다. 개척은 항상 희생 위에 피어나는 꽃인가 보다. 인류 역사상 개척에는 얼마나 많은 땀과 눈물과 희생이 있었던가. 그들의 못다 핀 꽃은 한국 등반의 밑거름이 되어 허영호, 엄홍길 등으로 면면이 이어져 아름답게 꽃을 피우고 있다.

경비행기의 프로펠러 소리에 다시금 정신을 가다듬었다. 떠났던 일행이 무사히 귀환하였다. 개선장군마냥 환하게 머금은 그들의 미소가 우리들을 반긴다. 그들이 하는 말로는 그 웅장함에 완전히 압도당하고 말았다고 한다. 비행 도중 하도 겁이 나 한없이 버티는 바람에 다리에 쥐가 날 지경이었단다. 그러나 눈 위에 착륙했을 때는 만세를 부르고 기념으로 셋이 서서 눈밭에 실례를 하여 그들의 흔적을 남겼노라고 자랑이 대단하다.

외로운 영웅들을 뒤로하고 Denali를 떠날 때는 해는 어느덧 저만큼 넘어간 후였다.

빛바랜 사진 한 장

앨범을 정리하다 빛바랜 사진 한 장을 발견했다. 추억의 때가 군더더기같이 눌러붙은 사진이다. 세월이 무던히 흘렀건만 악몽 같았던 그 일들을 떠올리게 한다. 모두들 이젠 아름다운 추억이 되어 그때를 회상하겠지.

1965년 여름이었다. K.C.C.(KEYMYUNG CONVERSATION CLUB) 회원 15명은 울릉도를 향하여 청룡호에 몸을 실었다. 젊음이 있는 곳에는 호기심도 있기 마련, 흔들리는 갑판 위에서 총총한 별과 따라오는 고기떼를 바라보며 낭만에 젖었다. 그러나 그것도 잠시뿐 쪽배같이 흔들리는 배 위에서 뱃멀미로 죽을 고생을 해야 했다. 하룻밤

사투 끝에 배는 무사히 도동 항구에 입항했다. 독도 경비정이 떠나면서 우리 일행이 타면 무료로 독도를 구경시켜 주겠다고 제의했다. 그러나 밤새 배멀미로 파김치가 된 터라 고마움을 표하고 저동으로 향했다. 지금은 도로도 번듯하게 뚫려있고 차도 다닌다고 하지만 그 때는 걸어서 고개를 넘어야 했다. 한낮 뙤약볕을 맞으며 아리랑 고개 같은 고개를 넘는 것도 지친 우리들에겐 벅찬 일이었다. 우뚝 솟은 촛대바위가 반가이 맞아주었다. 저동초등학교에 여장을 풀었다. 교실 두 곳을 이용하여 남학생 5명은 이쪽, 여학생 10명은 저쪽 이렇게 나누어져 숙소를 정했다.

우리가 간 목적은 저동에 있는 우산중학교 기초공사를 도와주기 위해서였다. 한여름의 열기 속에서 삽질은 시작되었다. 10일간의 봉사활동이다. 등짐을 져다 나르고 땅을 파며 쏟아 부은 노력의 대가가 차츰 눈앞에 펼쳐진다. 가정과 여학생들을 필두로 만들어지는 음식은 정갈하다.

봉사활동을 마친 후, 울릉도를 떠나기 전 성인봉을 등산하기로 했다. 날씨는 활짝 개었다. 일행은 아침부터 서둘렀다. 점심은 개인당 삶은 옥수수 두 자루가 전부다. 가벼운 마음으로 산을 향했다. 가이드가 있는 것도 아니고 그저 길을 따라 올라갔다. 가다가 목이 마르면 계곡물을 마시며 무조건 위로 향했다. 울릉도엔 뱀이 없다는 소리를 듣고 보니 수풀 길도 무섭지 않았다.

정상에 도달한 것은 오후 두시가 넘어서였다. 기쁨에 젖어 소리 지르며 성인봉이란 팻말이 세워진 곳에서 기념촬영을 했다. 아래를 내려다보니 출발했던 저동이 손에 잡힐 듯 바라보인다. 촛대바위도 저 아래에서 졸고 있다. 높은 산은 어디서도 마찬가지겠지만 성인봉의 심술은 기가 찰 노릇이다. 그토록 맑던 날씨가 지참한 옥수수를 채 먹기도 전 일순 구름에 휩싸인다. 먹구름에 천지는 어둑어둑해지고 눈 아래로는 아무것도 볼 수 없다. 갑자기 빗방울이 뚝뚝 떨어진다. 서로의 얼굴에는 긴장감이 흐르고 하산을 서둘렀다. 그러나 떠나왔던 저동 쪽이 어느 방향에 있는지 감을 잡을 수가 없다. 무작정 아래로 향했다. 비로 인해 길은 벌써 미끄럽다. 등산의 기초지식이나 장비 하나 갖추지 않은, 그야말로 못 말리는 풋내기들이 아니던가. 순간 무서움이 감싸왔다. 떠나오기 며칠 전 설악산 등반 시 조난으로 숨진 고려 대학생들의 일 때문이다.

한참을 하산하다 약초 캐는 노인 한 분을 만났다. 붙들고 무조건 하산 시켜 달라고 매달렸다. 산을 훤히 알고 있는 분이지만 갑자기 몰아친 악조건에는 그분도 길을 분간 못 하기는 마찬가지였다. 얼마를 해맨지는 몰라도 사방은 벌써 어두움에 휩싸였다. 여학생들은 울음을 터뜨렸다. 남학생 한 사람당 여학생 두 명을 책임지고 하산시켜야 했다. 난 가정과 4학년 S양과 영문과 3학년 K양이다. 둘의 덩치가 장난이 아니다. 한 팔에 한 사람씩 걸머져야 했다. 내려오다 빗길에 미끄러져 엉덩방아를 찧을 때가 부지기수였다. 여름 해는 기운 지 이미 오래되었나 보다. 사방은 지척을 분간할 수 없다. 게다가 날씨까지 그러하니 모두가 불안해질 수밖에. 길이라도 잘못 드는 참이면 낭떠러지에 떨어질 수도 있다. 키 같이 자란 수풀은 마구잡이로 우리들을 훑는다. 미끄러진 K양이 말한다. 도저히 내려갈 수 없으니 자기는 여기 버려두고 가란다.

드디어 날씨는 개고 별이 빛난다. 배는 고프고 힘은 빠진 데다 길은 미끄럽고 보이지 않으니 어찌하랴. 별빛으로는 길을 찾을 수 없다. 기진맥진한 나도 주저앉고픈 마음뿐이다. 천신만고 끝에 하산에 성공했다. 내려온 곳은 우리들 숙소가 있는 곳과는 영 반대 방향이다.

평지를 걷는 것은 한결 수월했다. 어두운 밤길을 걷고 걸어 도동에 도착했다. 허기진 배를 채워야겠는데 호주머니엔 돈도 없었다. 거기다 한밤중에 음식점 문을 두드리기가 쉬운 일인가. 마침 문이 열린 국수집을 발견했다. 가진 것 없는 우리는 S양이 끼고 있던 금반지를 맡기고 겨우 허기진 배를 채울 수 있었다. 패잔병의 모습이 따로 없다. 우리들 모습이 바로 그 모양이다. 숙소에 도착하고 보니 새벽 한시경이었다.

하산의 고생이 그토록 어려울 줄은 생각도 못했다. 무사히 살아 귀환한 것이 감사할 뿐이다. 무모한 등산이 얼마나 무서운 것인가도 깊이 깨달은 일이었다.

우리 모두는 건강하게 9월 학기에 다시 만났다. 그러나 문제는 엉뚱한 데서 터지고 말았다. 본래 그 클럽은 영문과 학생이 주축이고 그 외 다른 과 학생은 몇 명씩 참가한 클럽이다. 음악과로는 내가 유일하다. 반성회에서 반란이 일어났다. 영문과 후배 남학생들이 주축이 되어 나를 그 클럽에서 제명해야겠다는 것이다. 이유는 봉사활동 기간 중 여학생들이 나만 따르고 내 말만 듣더라는 거다. 내가 있으면 자기들이 클럽을 탈퇴하겠단다. 어이가 없었다. 그러나 난들 어쩌랴 내 인기가 너무 있는 것을! 소인배들과 함께 하고픈 생각이 싹 사라졌다. K.C.C.와 나와의 인연은 그것으로 끝이었다.

빛바랜 낡은 사진이 파노라마처럼 추억을 되새긴다. 꼭 타이타닉 영화를 보면서 스토리가 전개되는 것 같은 느낌이다. 오 군과 차 군은 미국에 살고 있다. 키가 훤칠한 김천의 박 군은 지금쯤 뭘 하고 있을까. 생사고락을 같이한 선배 S양과 K양은 할머니가 되어 손자들을 돌보고 있겠지. 인생의 반환점이 훨씬 지난 지금 그 때 성인봉의 악몽이 삶 속에 다시 나타나지 않기를 기도하며 돌다리도 두드리고 건너야겠다는 심정으로 살고 있다.

사진 속의 벗들아! 행여나 이 글을 읽는다면 살아 있음에 감사하고 같이 한 번 소리 내어 크게 웃어보자. 하하하

알프스

수석을 사랑한다. 그렇다고 채취하러 산하를 헤집고 돌아다니지는 않는다. 어디를 들렀다가 눈에 띄면 아무런 돌이라도 기념으로 하나쯤 가져오는 형편이다. 그러니 집안에 번듯한 수석은 없다. 제주도 성인봉을 갔을 때는 그곳에 간 기념으로 주먹만 한 부석을 하나 가방에 넣어 가지고 온 것이 집안 진열대에 놓여 있다. 그 옆엔 볼품없는 길쭉한 청석 하나가 자리 잡고 있다. 이것은 십 년 전 알프스에 갔을 때 갖고 온 돌이다.

이 돌을 바라보자 지난 시간들이 주마등처럼 스쳐간다. 큰딸아이가 독일에 유학 가 있어 아내와 같이 딸아이 공부하고 있는 곳도 들를 겸 유럽을 여행하고자 유로패스를 끊어 나간 일이 있다. 나이 들어 젊은이들 모양으로 완전 배낭여행은 아닐지라도 그렇게 여행을 한다는 것은 쉽지 않은 일이지만 한번 도전해 보기로 했다. 딸아이가 공부하고 있던 곳이 독일 남부 프라이부르크시여서 스위스는 바로 곁이었다.

유럽의 지붕 알프스 산을 가보고 싶었다. 배낭여행객들이 들고 다니는 두툼한 여행 안내 책자만 손에 쥔 채 딸아이 집을 나섰다. 유럽의 여름은 우리나라처럼 푹푹 찌지 않아 좋았다. 독일이 자랑하는 열차를 타고 국경을 넘었다. 스위스의 베른에서 스위스 국내선 열차를 갈아타고 인터라켄으로 향하였다. 알프스를 향한 여행객들도 군데군데 눈에 띄는데 스위스 현지인들도 많이 탔다. 흔히 우리나라 사람만 어디 나가면 시끄러운 줄 알았는데 그들의 목소리도 얼마나 큰지 유럽 사람들에 대한 인상이 달라졌다. 열차는 스위스의 맑은 호수들을 끼고 돌며 달리고 달려 드디어 목적지인 알프스 산자락 밑 인터라켄에 도착했다.

인터라켄은 '호수와 호수' 사이라는 뜻으로 툰호수와 브리엔쯔 호수 사이에 있는 아담한 소도시로 퍽이나 인상적인 곳이다. 스위스의 융프라요흐를 가려면 이곳에서 산악열차를 타야 한다. 시가지를 대충 돌아본 후 책자의 안내대로 숙소를 찾았다. 유스호스텔 같은 곳이었는데 방을 신청해 놓고 몇 시간을 기다리니 해 질 무렵 방 배정이 되었는데, 외국 대학생 두 명과 같이 배정되었다. 분위기로 봐서 젊은이들과 함께 그곳에서 하룻밤을 묵기에는 힘들 것 같았다. 프론트에 호텔을 한 곳 안내해 달랬더니 한 아가씨가 따라 나와 인근 호텔을 안내해 주었다.

호텔이래야 우리네 민박집 같은 곳이다. 이층에 올라가니 흰 눈을 덮어쓰고 있는 유럽의 지붕 알프스가 한눈에 바라보인다. 눈사태가 몰려와 호텔을 덮칠 것만 같다. 바라보이는 융프라우요흐가 흰 구름에 살짝 가린 채 석양을 받고 있는 모습이 경외스럽다. 알프스의 소녀 하이디가 저기서 할아버지 손을 잡고 폴짝 뛰어 올 것 같은 착각에 빠져들었다.

알프스는 높은 산이라 그런지 기후의 변화가 심한 것 같다. 밤새 천둥 번개가 요란하게 몰아치고 호우가 내렸다. 천둥소리는 알프스 산에 반향되어 산이 무너지는 듯한 굉음을 자아냈다. 산속의 귀신이 몰려들어 호텔을 집어삼킬 것만 같았다. 맹렬히 퍼붓던 비도 밤새 그치고 아침은 고요히 찾아들었다.

산행은 아침 여섯시 첫차로 인터라켄 동역을 출발했다. 전날 티켓을 예매하여 놓은 고로 수월하게 열차를 탈 수 있었다. 밤새 내린 비가 계곡에 흘러넘친다. 동화 속 열차 같은 노란 열차는 가쁜 숨 몰아쉬며 산으로 오른다. 한국인들이 얼마나 많이 이곳을 찾았기에 열차 내 안내방송도 한국어로 해줄까. 산간마을 주변의 정경은 달력에서 볼 수 있는 환상적 풍경이다. 집집마다 베란다에는 화려한 꽃들이 진열되어 아름다움을 더한다. 중간에 열차를 갈아타고 융프라우요흐로 향했다. 정상에는 설경이 눈앞에 펼쳐졌다. 아래는 여름인데 이곳은 계절을 잊은 겨울이다. 두툼한 외투로 갈아입었지만 차가움이 스며들었다. 스키를 타는 자들이 보인다. 이곳이 책에서 읽던 알프스라니. 서 있다는 자체가 믿기지 않았다.

스핑크스 전망대에서 바라본 정경은 환상적이었다. 아울러 얼음궁전을 둘러보고 세계에서 가장 높다는 우체국에서 엽서 한 장 발송해 보는 기쁨은 경험한 자만이 누릴 수 있으리라. 눈밭에 나가 만년설을 밟으며 한껏 감흥에 취해 본다. 고도가 높은 관계로 산소의 결핍을 느껴서일까 어질어질하다. 눈밭을 타고 저 아래 계곡으로 미끄러져 보고픈 충동이 일어났다.

몸을 녹일 겸 전망대에서 뜨끈한 국물 맛이 그리웠다. 마침 둘러보니 한국산 사발면이 있다. 한 통에 우리 돈 육천 원 꼴이다. 멀리 이곳까지 왔으니 아마 그럴 만도 하다. 아침도 거른 터라 뜨끈한 라면 국물이 추위를 달래어 주었다. 이곳에서 라면을 먹다니. 몇 년 전 눈 내린 날 앞산을 등정하면서 눈 위에서 끓여 먹던 라면이 생각났다.

지금 바라보고 있는 돌은 하산 시 주운 거다. 산 중턱에서 열차를 바꿔 타는 지점에 이르렀을 때였다. 알펜호른 소리가 길게 들려왔다. 푸른 초원 위에 소들은 방목되고 있다. 소의 목에서 흔들리는 워낭소리가 초원의 잠을 깨운다. 요들송이 어딘가에서 들린다. 영화 사운드 오브 뮤직의 한 장면이 머리를 스친다. 초원을 가로질러 저 먼 곳 계곡까지 걸어보았다. 그 때 물이 흐르는 계곡에서 박혀 있는

돌 하나를 집어 들었다. 그 돌이 지금 바라보는 돌이다. 물에 깨끗이 씻으니 산수 모양에 정감이 흐른다. 공항 검색대는 생각하지 않고 그냥 가방에 넣어 갖고 왔다. 알프스의 냄새가 짜르르 묻어난다. 만물은 마음 주기 나름인가, 별로 예쁘지도 않은 돌이지만 추억이 묻어나기에 이 돌을 무척이나 사랑한다.

프랑스, 독일, 러시아도 두 번씩이나 갔다 왔으니 알프스도 한 번 더 가볼 기회가 왔으면 좋겠다. 그 때 가려다 놓친 몽블랑도 가보고 싶고 아름다운 인터라켄과 융프라우요흐도, 산행열차의 짜릿함도, 알프스 산자락에 묻어나던 꽃향기도 다시금 맡아보고 싶다.

어느 여름날

큰딸 내외와 손자 녀석이 무더위 한가운데 찾아왔다. 더위는 폭염 경보가 내리고 있는 중이라 수은주가 연일 35도 내외로 치솟는다. 가만히 앉아 있어도 땀은 연신 줄줄 흘러내린다. 에어컨을 가동하고 집 안에 눌러 앉아 있는 것도 좋은 피서법이겠지만 남들이 하는 대로 우리도 피서를 가보기로 했다. 동해안으로 가 볼 요량이었다.

사위가 운전을 하니 모처럼 운전의 속박에서 벗어나 편안히 고속도로를 달려갈 수 있었다. 차창 밖에 펼쳐지는 성하의 풍경은 한 폭의 수채화마냥 싱그러움을 맘껏 뽐내고 있다. 덥다고 집 안에 들어앉아 있기보다는 나오기를 잘했다는 생각이 든다. 스멀스멀 멀어져 가는 차창 밖의 풍경에 잠시 마음을 앗겨 본다.

농촌의 풍광은 예전과는 너무나 다른 모습이다. 예전같이 전적으로 사람이 농사를 지을 때면 지금쯤 들녘에는 일하는 농부들의 모습이 두런두런 보일 터였다. 그러나 요즘은 농촌도 기계화되고 제초제를 쓰는 관계로 인해 들판에는 사람의 모습을 거의 볼 수 없다. 어릴 적에는 방학이 되면 집 안에서 그냥 빈둥댈 수만은 없었다. 바쁜 일손을 거들어야 했다. 요즘 아이들처럼 한가하게 바캉스다 여행이다 돌아다닐 생각조차 못했다. 들에 나가 무더위와 싸우며 일을 도와야 했다. 책상에만 눌러앉아 있던 나에겐 농사일은 고통이었다. 하지만 땀이 비 오듯 흐르는 가운데도 어머니가 갖고 온 새참은 꿀맛이었다.

그렇게 오전 일을 끝내고 나면 달콤한 오침이 기다린다. 동네 사람들은 백사장 위로 몰려든다. 낮잠을 자기 위해서다. 집 안에서 잘 수도 있었지만 사람들은 나무그늘 밑으로 몰려들었다. 열기를 받아 더워진 모래 위였지만 드리워진 버드나무의 그늘은 황제의 고급스런 침실이 부럽지 않다. 얼굴과 목에 땀은 흘러내려도 오전의 피곤으로 인해 코를 골며 자는 이도 있다. 두런두런 옛 생각에 잠겨 있는데 차는 어느덧 대구 포항 간 고속도로를 벗어나려 하고 있다. 고속도로 개통 후 대구 포항간은 이웃집 나들이 길이나 다름없다.

세상이 참으로 편리하게 된 것을 오늘 한 번 더 실감했다. 고속도로 때문만은 아니다. 딸애가 집을 나서면서 서두르는 바람에 그만 준비해 둔 보온병을 두고 왔기 때문이다. 모유 수유가 어려워진 탓에 분유로 키우는 고로 더운 물병은 필수품이다. 그런데 그 물병을 잊어버리다니 난감한 일이었다.

그때 딸애가 말을 했다. 대형마트에서 일회용으로 만들어진 액상분유를 본 적이 있다는 것이다. 세상이 편리해졌다고 말은 하지만 분유까지 팩으로 되어 일회용으로 먹일 수 있다니 참으로 신기한 일이었다. 경험이 문제를 해결하는 방편이 되었다. 차를 몰아 포항시내로 향했다. 지나가는 사람에게 묻고, 택시기사에게 묻고 물어 대형마트를 발견했다. 문은 두드리는 자에게 열리고, 무엇이든 구하고 찾는 자에게는 얻어질 수 있는 법인가 보다. 딸애가 구하던 것을 얻었다는 성취감에 젖어 싱긋 웃으며 문을 나온다. 딸애의 밝은 표정에 손자 녀석의 재롱이 제 어미의 고민을 이해한 것처럼 느껴진다.

처음 집을 나설 때는 화진포나 장사 해수욕장으로 갈 작정이었다. 그러나 마트에서 나오는 순간 이정표는 구룡포를 가르쳐주고 있었다. 구룡포로 가자는 생각이 머리를 스친다. 전에 가본 구룡포는 백사장이 아름다웠고 물도 맑았다. 코스를 잡고 보니 포항제철 앞 도로는 정체가 너무 심하다. 거북이걸음으로 가노라니 잘 자던 손자 녀석이 잠에서 깨어 칭얼댄다. 잘못 목표점을 선택했나 순간적으로 후회를 해보기도 한다. 그렇지만 돌이킬 수 없다. 유턴지점도 보이지 않는다. 긴 기다림 끝에 길은 열렸다. 구룡포까지의 길은 잘 만들어져 있다. 그러나 읍내로 들어서는 순간 해수욕장을 찾는

데 어려움이 있었다. 이정표가 제대로 씌어 있지 않았기 때문이다.

어렵게 찾아간 해수욕장은 나의 기대를 저버리지 않았다. 생각했던 대로 휴가철이 피크를 이루고 있지만 붐비지 않아 좋다. 알맞게 뻗은 모래사장이며 맑은 물은 한껏 고운 자태를 자랑하고 있다. 그대로 풍덩 바다 속으로 뛰어들고픈 생각이 인다. 한여름 해수욕으로 검게 탄 피부는 겨울 감기를 이기는 비법이라고 말하지 않던가. 하지만 일전에 등산하다 다친 손의 상처가 채 아물지 않은 상태라 그럴 수도 없다. 딸애 부부는 벌써 해수욕을 즐긴다. 불어오는 해풍은 더운 열기를 식혀주기에 충분하다. 마침 올라온다는 태풍의 영향일까, 구름조차 알맞게 햇빛을 가려 주어 견디기가 훨씬 쉽다.

바짓가랑이를 걷고 바닷물에 들어가 본다. 찰랑대는 파도가 다리를 휘감는다. 비릿한 바다 냄새가 코끝을 자극한다. 동해바다는 언제 와 보아도 좋다. 바라보이는 수평선 위로 점점이 뭉게구름이 피어오른다. 제트보트가 힘차게 수면을 가른다. 멀리 암초 위에는 강태공들의 모습이 두런두런 보인다.

올 때는 그렇게 부산을 떨면서 왔는데 돌아가려니 서운한 마음이 앞선다. 한 며칠 이곳에서 시원한 바닷바람 맞으며 머무르고 싶다. 구름 속에 갇히었던 태양이 제 모습을 드러낸다. 고운 빛 석양은 이제 길게 모래사장 위에 제 육신을 드러눕히고 있다. 즐거웠던 하루를 접어야 할 시간이다. 해안의 아름다운 풍광은 가슴에 보듬고 일상으로 돌아가야 한다. 내일은 또 내일의 태양이 곱게 뜰 테지.

이 뭣고?

단풍 짙은 백양사 담장길을 걷다 현판 하나를 발견했다. 무심코 지나쳐버리기 쉬운 이 현판이 바쁜 발걸음을 잡아 매어 둔은 왜일까. 바라보니 나를 향하여 묵시적으로 외친다. '이 뭣고?'라고. 이 말은 우리 삶 속에 별 의미 없이 쓰이는 말이다. 영어로는 단순히 "What is this?"일 뿐이다. 종교적으로나 철학적으로 가치를 부여할 것 같지 않아 보인다. 그런데 진리는 단순한 데 있는 걸까. 이 말은 불교의 천칠백여 가지의 화두話頭 중 하나라지 않은가.

父母未生前 (부모미생전)

本來面目 (본래면목)
是甚磨 (시심마)

즉 부모에게 태어나기 전 나의 참 모습은 무엇인가, 라는 의제疑題를 의심하기 위하여 '이 뭣고' 하며 골똘히 참구參究하면 본래면목本來面目, 즉 참 나를 깨달아 생사를 해탈解脫하게 된다는 것이다.

기독교 문화권에서 살아 온 내게 이 화두는 쇼킹하게 느껴졌다. 무엇보다 本來面目이라는 말이 나의 구미를 잡아끈다. 내가 이 땅에 태어나기 전 모습이라니 말이다. 불교에서 말하는 윤회사상인가. 그렇다면 전생의 나의 모습은 무엇이었을까. 불교는 깨달음, 즉 해탈의 종교라지만 이해하기가 어렵다. 그것을 깨달아야 현재의 나의 모습을 바르게 볼 것 같다. 나의 본래면목이 우생牛生이었다면 이 땅에 살면서 어떻게 살아야 하나. 우직하게 일밖에 모르는 사람으로 살지는 말아야 할 것 같다. 전생에 왕자였다면 하부구조로 계층이동이 이루어지지 않도록 왕자답게 살도록 노력하여야 하지 않겠나.

어려운 전생을 알기 전에 우리 민족의 뿌리부터 알아야 할 것 같다. 뿌리를 알면 우리의 전생을 간단히 알 수 있다. 우리 민족은 그 유래가 '알[卵]'에서 시작되었다. 고구려 주몽이나 신라의 박혁거세는 알에서 태어났다. 그러므로 우리 민족은 알과는 끊을 수 없는 관계가 성립된다.

알은 그 속에 생명이 있다. 생명이 있으면 새로운 것을 창조할 수 있다. 생명을 소유하지 못한 알은 죽은 것이나 다름없다. 죽은 알은 새 생명을 탄생시킬 수 없다. 다만 버려질 뿐이다. 역사를 살펴보면 해답이 나온다. 세계에는 많은 민족이 살았지만 억척스런 생명력을 지니지 못한 민족은 역사 속으로 사라지고 말았다.

알은 깨어진다. 깨어진 속에서 새로운 생명이 탄생한다. 겉으로 보기에 우리 민족은 알처럼 두루뭉술하게 보인다. 그러나 그 속에 무한 잠재력을 가지고 깨어났다. 잦은 외침에도 둥글둥글 피해 왔고 끈질긴 생명력으로 오늘의 부를 쌓아 왔다.

알은 부활의 기쁨을 맛본다. 오늘의 우리는 한강의 기적이 아니라 알에서 깨어난 부활의 기쁨을 맛보고 있는 중이다. 어두운 구곡을 벗고 찬란한 미래를 향해 야생마같이 달리고 있다.

우리가 알에서 왔다는 증거는 무덤을 보면 알 수 있다. 봉분이 바로 그러하다. 우리는 사람이 죽으면 돌아갔다고 말한다. 돌아갔다면 온 곳으로 가야 한다. 그러나 처음 온 데로 돌아갈 수 없다. 우리 민족의 온 곳은 알이기 때문이다. 그래서 알로 돌아간 모양을 만들어 주고자 그렇게 만들어졌단다. 요즘 와서 평분을 해야 한다고 말하는 이도 있지만 우리 민족의 정서와는 거리가 먼 말이다.

민속학적인 면만 아니라 생태학적으로도 우리는 알에서 왔다. 우리 생명의 시발점은 어머니의 태아요, 그중에도 어머니의 난자다. 어머니의 난자가 우리 생명의 시작이다.

本來面目을 기독교에서는 창조설로 뒷받침한다. 우리는 하나님의 형상대로 지음을 받았고 태초부터 선택되어 이 땅에 태어났다는 거다. 그러기에 우리가 죽으면 육신은 땅에 장사되지만 영혼은 하늘나라로 돌아간다. 그러므로 本來面目은 하나님의 형상이다. 때문에 나의 모습은 곧 하나님의 모습이다. 전생에도 하나님의 자녀였고 이생으로도 하나님의 자녀다. 이 뭣고? 하면서 어렵게 고민할 필요도 없다. 억지로 깨달아 알려 할 필요 없이 믿으면 만사형통이다.

세상 삼라만상은 의미를 부여하면 의미가 있어진다. 나무나 돌도 내가 의미를 부여하기 나름이다. 입시철에 붐비는 갓바위도 의미를 부여하면 내게 영험이 있는 것이요 그렇지 않으면 커다란 돌덩이에 불과할 나름이다. 전생의 내 모습도 마찬가지다. 의미를 부여하면 나와 소통이 이루어져 나의 모습을 형상화 시킬 수 있다.

석가는 나의 모습을 天上天下천상천하 唯我獨尊유아독존이라 말한다. 우주 사이에 나보다 존귀한 것은 없다는 말이다. 나의 전생의 모습이 짐승이었건 왕자였건 그것이 문제가 아니라 오늘의 내가 가장 존귀한 모습이라는 거다. 오늘의 내 모습에 의미를 부여하자. 이 땅에 태어난 것이 알로서 왔건 하나님의 형상으로 왔건 그것도 굳이 따질 필요가 없다. 사람으로 태어났으니 사람답게 살다 가면 된다. 그런데 사람답게 산다는 것이 참으로 어렵더라. 어떻게 사는 것이 사람답게 사는 걸까.

책상 위에 써 붙여 놓고 오늘도 장고長考를 거듭한다. '이 뭣고?'

일상에서의 탈출

일상에서 며칠이라도 탈출하고 싶어 친구에게 전화를 걸었다. 물이 보고 싶으면 중국 구채구를 가고, 산이 보고 싶으면 황산이나 장가계를 가란다. 구채구는 가을 풍경이 좋을 것 같아, 우리나라 사람 이천만 명 이상이 다녀갔다는 장가계를 가기로 했다. 마침 대구에서 장가계까지 직항기가 있어 천만다행이었다.

중국시인 白樂天은 唐 현종과 양귀비의 사랑을 노래한 장한가長恨歌에서 양귀비에 대한 맹세로 '재천원작비익조 재지원위연리지'在天願作比翼鳥 在地願爲連理枝라 하였다. 비익조는 암컷과 수컷이 눈과 날개를 하나씩만 갖고 있어 두 마리 새가 합해야 두 날개로 날 수 있는 새요, 연리지는 두 그루의 나무가 자라면서 서로 붙어 결이 한데 이어져 두 나무지만 한 나무로 합쳐진 나무이다. 이는 돈독한 부부애를 가리키는 말이다.

우리부부만 비익조요 연리지인 양 떠났는데 가서 보니 그게 아니었다. 선배 부부는 사모님이 칠순이라 자녀들이 보내주어 왔다고 한다. 우리는 이코노믹 석에서 비좁게 타고 가는 데 비해 비즈니스 석에서 넉넉히 앉아 가는 모습이 보기가 좋다. 반야월에서 왔다는 목사님 부부나 마산에서 온 부부도 칠순기념으로 왔단다. 특히 마산 부부는 농촌에서 일하느라 시커멓게 그을린 얼굴로 왔으나 보내준 자녀들의 넉넉한 마음이 돋보였다. 꼭 붙어 같이 다니는 그들의 모습이 진정 비익조요 연리지였다.

장사에서 장가계까지는 고속도로로 달려 근 다섯 시간이 걸리는 거리였다. 하지만 주변풍광을 내다보며 달리다 보니 지루한 줄 모르고 달릴 수 있었다. 중국은 역시 대국이었고 깨어나기 위한 몸부림이 곳곳에서 느껴졌다. 고속도로 휴게소도 우리나라만큼 정비되어 있지는 않았지만 수년 전 백두산 갈 때 도로변 화장실 같은 모양은 없어서 좋았다. 아마도 이는 관광명소로 가는 고속도로였기에 정비가 되지 않았나 싶기도 하다. 고속도로를 지날 때 아직 하이패스가 장착되지 않았다. 우리나라보다는 뒤떨어진 모양이다. 장사에서 장가계까지는 산업도로가 아니라서 그런지 너무나 조용하다. 컨테이너를 실은 화물트럭도 보이지 않는다. 관광버스와 승용차만이 간간이 보일 뿐이다. 호남성 이쪽 일대는 아직 산업화에 의한 개발이 이루어지지 않아서일까.

중국 사람들의 흡연은 우리나라보다 훨씬 더한 것 같다. 휴게소에 내릴 때마다 뿜어대는 담배연기는 숨쉬기가 버겁다. 이는 우리나라처럼 금연 홍보가 덜 되어서 그렇지 않나 생각도 해 본다. 중국 영화를 보면 아편을 한다거나 자욱한 담배연기 속에 마작을 즐기는 장면들을 자주 목격하기도 한다. 사회 전체가 마약성을 즐기는 모양이다. 경상도 사람만이 목소리가 크고 시끄러운 줄 알았는데 그게 아니었다. 가는 곳마다 떠들어대는 그들의 목소리가 귀를 쟁쟁하게 한다. 얼핏 보면 싸움질 하는 것 같다. 아무 데서나 울려대는 자동차의 경적소리도 한몫을 단단히 한다.

장가계 원가계, 천문산이나 천자산의 수려함은 부러울 뿐이다. 천문산의 천 길 낭떠러지 비탈길을 만든 것은 중국인이었기에 가능하리라 믿는다. 무지막지하게 밀어붙이지 않았다면 이룰 수 없는 길이다. 모르거니와 그 길을 만드느라 수많은 사람들의 희생이 뒤따랐을 것이다.

장가계 산수의 수려함은 천하제일인 것 같다. 많은 곳을 가보지는 못했지만 알프스의 웅장함보다도, 캐나다의 록키나 알라스카의 산세보다도 훨씬 아름답다. 십리화랑이라 이름 붙어진 계곡은 동양화 그 자체다. 날씨가 맑아 잘 볼 수는 있었지만 비가 내려 운무가 산을 걸치고 있었다면 선녀가 치마폭을 두른 듯 그 아름다움은 더

했으리라. 장대하게 솟은 기암괴석을 보고 수많은 시인묵객들이 그 산의 정경을 묘사했을 터이니 그저 입만 벌릴 뿐 무딘 필설로 더 이상 표현하고 싶지 않다. 억만 년의 침수와 자연붕괴 등의 자연적 영향으로 오늘의 깊은 협곡과 기이한 봉우리가 만들어졌으리라. 장가계의 웅대하면서도 아름답고 기이한 산세에 정신을 잃으며 수많은 학자, 전문가들은 무릉원을 '대자연의 미궁'이라거나 '지구 기념물'이라 거침없이 부른 모양이다.

하나님은 큰 대륙 중국에만 이런 산을 주고 우리나라에는 왜 주지 않았을까. 산이 국토의 70% 이상을 차지하고 있는 우리가 아니던가. 가야산이나 덕유산, 지리산 중에 한 곳이라도 저런 빼어난 절경을 주었다면 얼마나 좋을까. 설악산이 아름답다지만 저보다는 못하지 않는가. 만약에 한라산이 저토록 아름다웠다면 제주도는 금상첨화였을 게다.

그렇지만 하나님은 공평하신 분이다. 중국에는 저런 빼어난 산을 주었지만 우리에게는 마실 수 있는 물을 주었다. 저들은 자연수를 마실 수 없다. 우리는 수도 물을 마실 수 있다. 산은 동경의 대상이요, 눈을 즐겁게 하지만 물은 생명의 근원이다. 피와 같은 물을 그냥 마실 수 있는 우리가 어찌 보면 더 행복한 것일지도 모른다.

며칠간 허공에 떠돌던 비익조는 현실세계로 사뿐히 내려앉았다. 글을 쓰는 눈앞에는 귀곡잔도나 십리화랑과 황룡동굴이 아른거리고, 313m 높이의 백룡엘리베이트를 타고 있는 느낌이다.

일상日常이 주는 즐거움

먼 여행길에서 돌아온 자는 일상이 주는 즐거움이 무엇인가를 알 수 있다. 아무렇지도 않아 보였던, 단조로움과 나태로 얼룩졌던 삶이 파랑새가 깃들 수 있는 삶이란 것을 알게 된다. 먼 이국땅에서 몇 날 간의 삶이 황홀했다 할지라도 그건 분명한 내 삶이 아니다. 내가 안주할 수 있고 맘 편히 일할 수 있는 그 삶이 바로 삶의 본모습이다.

한 두어 달 동안 집안은 온통 난장판이었다. 막내가 장가든다고 미국에 살고 있는 둘째 딸이 두 돌이 겨우 지난 딸을 데리고 나왔다. 거기다 서울에 살고 있는 큰딸이 돌이 가까운 아들을 데리고 와서 같이 집 안에 있게 되었다. 서울 딸은 독주회를 해야 하는 형편이라 아이를 맡아 줄 사람이 없어 내가 돌봐주기로 하고 집에 와 있는 고로 사정은 더욱 어렵게 꼬여 들었다.

집안 곳곳은 난리였다. 아이들의 손길이 닿을 수 있는 곳은 장식장이든 무엇이든 모든 것을 치워야 했다. 어린 것들이 철모르게 뛰고 노는 것을 바라보는 것은 즐거운데 한 번씩 울음보가 터지는 날은 감당키 어렵다. 근 두 달을 이러는 동안 아내는 아내대로 혼이 났다. 출근은 해야지 해 먹일 것은 해 먹여야지 일상의 삶은 완전히 무너지고 말았다. 그러다 미국으로, 서울로 이제 다들 돌아갔다. 갑자기 달라진 삶이 허하기도 하지만 이것이 본래 삶의 모습이라 생각하니 마음이 평정을 찾을 수 있었다.

구석구석에 치워졌던 모든 것들이 제자리로 돌아왔다. 화분도 제자리로 돌아오고 베란다에 치워졌던 장식장도 제자리를 찾았다. 도자기는 본래 자리로 돌아와 '날 좀 보소' 하는 듯하다. 거실 유리창에 찍힌 손자국도 깨끗이 지우고 방마다 정리하고 청소를 하고 보니 한나절이 지난다. 탁자 위에는 다시금 손때 묻은 책들이 쌓이고, 이리저리 만져놓은 오디오도 제 기능을 찾도록 일일이 점검을 마쳤다.

우리는 일상이 주는 삶의 편안함을 모르고 지날 때가 많다. 뭔가 다른 것이 있어야만 할 것 같은 허망에 젖어들기도 한다. 내가 눕고 싶으면 발 뻗고 누울 수 있고, 옷을 벗고 싶으면 언제든지 훌훌 벗어던질 수 있는 삶이 얼마나 편안한가. 다들 떠난 자리에 내외가 살고 있으니 외로워 보일지는 몰라도 이것도 삶의 하나일진대 어찌하랴. 고독함도 친구로 벗 삼고 살아가는 지혜를 배워야할 것 같다. 모처럼 어젯밤에는 내외가 서로 등 긁어 주고 오순도순 얘기의 꽃을 피울 수 있어 일상이 주는 즐거움을 만끽했다.

가족이란 무엇인가? 엄마 아빠가 있고 언니 동생이 있으며 할아버지와 할머니가 실타래처럼 얽히고설키어 슬픔과 기쁨을 함께 나누는 공동체가 아니던가. 그런 전통적 가족체계가 불행하게도 무너진 지가 벌써 오래다. 서구인들이 가장 부러워했던 것이 효를 바탕으로 한 우리의 가족체계였다. 그들은 나이 18세가 되면 더 이상 부모의 슬하에 머물기를 거부하고 집을 떠나 독립생활로 들어간다. 부모는 자식들 뒷바라지에 고달픈 삶을 살지 않아도 된다. 어떤 면에서는 합리적일 것 같기도 하지만 부모자식 간의 유대는 그것이 끝이라고 봐도 무관할 것 같다.

우리는 어떤가. 그들처럼 18세가 되어 독립해서 떠나가는 것인가. 그런 것도 아니다. 자식은 찰거머리같이 부모에게 들러붙어 있다. 아니, 우리네 부모들은 그것을 당연한 것으로 치부해버리고 만다. 부모는 끝까지 책임만 진다. 받는 보상은 없다. 전통가족 체계가 무너진 지금 그렇다고 자식들이 부모를 책임지느냐 하면 그런 것도 아니다. 서로가 제 부모 떠넘기기에 급급해 한다. 장남이 부모 봉양에 책임을 느끼던 것도 옛날 말이다.

대가족 사회 안에서는 가족의 질서가 엄연하다. 어른과 아이들의 관계가 분명하고 서로가 서로에게 유익을 주고받는다. 아이들은 어른을 공경하는 것을 배우고 가정교육이 삶으로 연계되어 국가통치 체계도 배우게 된다. 가족구성원 안에서 사랑하는 것도, 인내하는 것도 배우며 슬픔과 기쁨도 공유하게 된다. 가족이 해체된 지금 아이들은 무엇을 배우는가. 정글 같은 삶의 방식을 배울 뿐이다. 학교교육이 이것을 바로잡을 수 있느냐. 학교교육도 이들 앞에 손을 들어 버린 지 이미 오래다.

내외가 살면서 느끼는 일상의 평안함이야 말 할 수 없지만 가족은 한데 어울려 지내는 것이 진정한 행복이 아니겠는가. 법석대다 떠난 자리가 유달리 커 보인다. 문을 넘나들고 돌아다니며 재롱떨던 아이들의 모습이 눈에 선하다.

임진각에 부는 바람

여행을 하다 보면 수많은 다리를 볼 수 있다. 크고 웅장한 것이 있나 하면 작고 아담한 것도 있다. 시드니의 하버브릿지나 센프란시스코의 금문교는 규모와 예술미를 겸비하고 있고, 미라보 다리는 뭇 시인들의 가슴을 설레게 하는 다리다.

그렇지만 우리에게는 이 모든 다리보다 역사 속에 남아 우리의 가슴을 애잔하게 하는 두 다리가 있다. 하나는 권력찬탈을 도모하기 위하여 행해진 피의 선죽교이고 또 하나는 전쟁의 상처를 입은 자유의 다리이다. 선죽교는 지금은 북한의 개성에 있다. 고려 말기의 충신 정몽주가 위화도에서 회군한 이성계를 문병하고 돌아오다가 이성계의 아들 방원이 보낸 조영규 일당에 의해 철퇴에 맞아죽은 돌다리이다. 이 돌다리에는 아직도 정몽주의 혈흔이 남아있다고 한다. 이런들 어떠하며 저런들 어떠하리의 하여가何如歌에 응답하여 단심가丹心歌를 읊으며 역사의 소용돌이 속에서 몸부림치다 숨져 간 정몽주의 숭고한 나라사랑이 돋보이는 다리다.

이 시대를 살고 있는 우리 민족에게는 뭐니 뭐니 해도 가장 아프고 슬픈 다리는 임진각 자유의 다리가 아닌가 생각한다. 이 다리는 한국전쟁 중 포로 된 남북의 군인들이 포로교환의 조건으로 오고간 곳이다. 당시 만여 명의 우리 측 포로가 이 다리를 건너와 자유를 찾았기에 붙여진 이름이다. 이곳은 지금도 단장을 애끓게 하는 곳이다. 이 다리 앞에 새겨진 망향 비는 보는 이로 하여금 마음 숙연하게 한다.

오십 년 끊긴 안부가
바람으로 서 있다.
목이 멘 이산의 아픔
불러보는 사람아
송악산 솔밭 사이로
고향하늘 보인다.
(후략)

오늘따라 임진각에 부는 바람이 칼날같이 매섭다. 분단의 아픔을 아는지 모르는지 자유의 다리 너머로 도라산역을 향하여 열차는 달리고 있다. 판문점까지는 십여 킬로미터가 된다니 지척이다. 멀리로는 개성의 송악산이 손에 잡힐 듯 펼쳐져 있다. 자유의 다리는 역사적 의미가 담겨 있어 그렇지 화려한 모양새나 세련미 넘치는 다리가 아니다. 미국을 찾은 관광객이 메디슨카운티의 다리를 찾고는 실망한다는 그렇고 그런 다리다. 흔히 볼 수 있는 시골 어느 촌락의 다리와 다를 바 없다. 목조로 된 이 다리는 자동차가 건너다닐 수 있는 다리도 아니다. 전쟁이라는 상처를 안고 있지 않은 다리라면 존재 가치조차 찾을 길 없는 너무나 평범한 다리다.

이 다리가 주는 의미는 무얼까. 자유의 소중함이다. 자유, 그것은 인류의 숭고한 이상이다. 자유는 그냥 주어지는 알사탕이 아니다. 그것은 피를 먹고 피는 한 송이 꽃인가 보다. 이 꽃을 피우고 지키기 위하여 천지는 진동 했고 산하는 피로 물들여야만 했다. 아직도 끝나지 않은 전쟁의 상흔이 이곳에 잠들어 있다. 오늘날은 그저 말없이 관광객을 맞고 있지만 자유가 무언지를 뼛속 깊이 느끼게 하는 곳이다.

남과 북의 소통이 무언지를 가르쳐주는 곳이다. 소통의 바람이 일어나기를 간절히 기도해 본다. 자유를 위한 바람이 저곳에서부터 회오리쳐 판문점을 넘고 개성을 넘어 평양 모란봉에서 소용돌이치기를 말이다.

소리가 들린다. 생사의 갈림길에 서서 힘겨운 삶을 감당하였던

포로들이 자유를 찾아 넘어오던 힘찬 구둣발 소리다. 강바닥에 흘러넘쳤던 선혈이 가슴 터지게 울부짖는 애달픈 피의 소리가 칼바람을 타고 들려온다. 너희는 자유를 지킬 힘이 있느냐고 말이다.

세계여성평화협의회 회원들이 차가운 바람을 무릅쓰고 망배단 앞에 차례상을 차리고는 통일을 외치고 있다. 이것이 분단의 현실인가 보다. 실향민들은 오늘도 이곳을 찾아 안타까운 눈물만 흘리고 돌아간단다. 오십여 년 긴긴 세월 목이 터져라 외치고 눈물 뿌려보지만 자유의 다리는 벙어리가 된 채 묵묵히 바라만 보고 있다. 누가 너로 하여금 바보가 되게 했나. 장탄식의 저 한숨소리를 듣지 못하게 누가 귀를 막아버렸나. 얼어버린 심장이 되어 냉혈한이 되게 했나.

심장의 피를 덥게 하자. 펄펄 끓어오르는 더운 피가 남과 북의 굳어버린 대동맥을 녹여 생명의 피가 흐르게 하자. 닫힌 입 열게 하고 막힌 귀 뚫어보자. 펄렁이는 기원문이 오늘따라 더욱 가슴 미어지게 한다. 저 다리를 건너 우리 모두 가고 오자. 북으로 남으로, 우리는 배달민족 한 형제이니까. 정치가 무엇이며 사상이란 누구를 위한 것이란 말인가. 총을 녹여 보습을 만들고 희망가를 목이 터지도록 불러댈 그날을 기다려 본다.

오늘은 이토록 매서운 바람이 임진각에 몰아치지만 평화통일의 바람은 그 매서움도 잠재울 수 있을 테지.

임진각에 몰아칠 그 바람이 그립다. 그날이 그립다.

지름길

허리가 약한 나는 가파르고 험난한 산행을 즐기기보다는 그리 가파르지도 않고 밋밋하지도 않은 가산에 오르기를 좋아한다. 가산은 시원하게 흘러내리는 계곡도, 번듯하게 바라볼 수 있는 기암괴석도 없지만, 자연 그대로의 길과 때 묻지 않은 순수함이 있어 좋다. 울퉁불퉁 튀어나온 돌이 없어 이름 모를 산새 소리와 길섶 산유화에 한눈을 팔아도 걸려 넘어질 일이 없다. 구불구불 임도林道를 따라 걷노라면 폐부에 쌓인 도시의 묵은 때는 사라지고 산과 나는 하나가 될 수 있어 더욱 좋다.

가산을 오르다 보면 어느 산보다 지름길이 많다. 지름길이 많다는 것은 그만큼 사람들의 참을성이 적다는 증거이기도 하다. 자연을 벗하며 쉬엄쉬엄 걸어가면 될 길을 굳이 지름길로 오르려는 이유를 모르겠다. 고지, 즉 가산산성은 그리 먼 것도 아니다. 넉넉히 한 시간이면 도달할 수 있는 길이다. 성급하게 지름길을 고집하며 올라가야 할 이유가 없다. 산에 왔으면 산을 즐기다 가면 될 일, 지름길을 파고들어 숨 가쁜 경쟁을 펼칠 이유도 없다. 몇 차례 굽이돌다 보면 산성은 눈앞에 있다. 좀 시간이 걸리면 어떤가. 소월의 시구처럼 산새도 오리나무 위에서 울고, 산에는 꽃이 피고 지고 눈이 내리는데!

지름길을 바라보노라면 세상살이를 느낀다. 사람들은 편리를 위해 얼마나 지름길을 가고자 애를 쓰는가. 난 아이의 손을 잡고 횡단보도가 바로 앞인데도 태연히 무단 횡단하는 어머니의 광경을 자주 목격한다. 조금 빨리 가고자 지름길을 택한 것이다. 아이에게 무엇을 가르치겠다는 것인가. 무단 횡단하는 방법을 가르치려는 것인가, 세속의 경쟁원리를 가르치려는 것인가. 가르칠 것이라고는 불법과 조바심밖에 없다. 우리는 너무 지름길을 고집한다.

돈을 벌기 위하여, 출세를 하기 위하여, 명예를 얻기 위하여! 좀 느긋해지자. 늦다 싶어도 정도를 걸어가면 고지가 바로 앞에 있을 것인데……. TV를 보다 눈을 의심한 적이 있다. 행여나 싶어 다시 보니 분명히 고등학교 동창이었다. 그토록 착하고 성실한 친구가 아니었던가. 그는 정부 모 부처 고위직에 근무한 걸로 알고 있다. 알고 보니 그 후 그는 금융관계에 거물이 된 모양이었다. 금융 부정으로 인해 해외 도피생활을 하다 처절한 모습으로 구속되어 오는 길이었다. 축 늘어진 어깨와 피곤에 지친 그의 몰골은 보기가 안타까웠다. 너무 빨리 부를 획득하고자 지름길을 택한 것이 화근이었나 보다.

우리 사회에는 눈앞의 이익만을 좇다 일어난 사건들이 한두 가지가 아니다. 성수대교가 무너지고 삼풍백화점이 무너져 내린 것도, IMF의 혹독한 시련도 알고 보면 지름길을 택한 것이 원인이었다. 혹자는 말할 것이다. 지름길 정신이 없었다면 오늘날 이토록 눈부신 경제성장을 이루어낼 수 없었다고 말이다. 그러나 순기능 못지않게 역기능이 더 많음을 알아야 한다. 우리 속담에 '밑 빠진 독에 물 붓기'라는 말이 있듯이 기초가 튼튼하지 못하면 개인이나 가정이나 그 사회는 폭풍우가 몰아칠 때 견디어 낼 수가 없다. 그러므로 인간만사는 가야 할 길로 가야 한다. 그 길이 설령 남들보다 늦다 싶어도, 일이 더디게 이루어지고 좀 손해를 보는 듯해도 지름길을 버리고 정도를 걸어가야 한다. 군자지대로君子之大路란 말도 있지 않는가. 이것이 선비정신이다. 고난과 역경 속에서도 우리를 지켜오게 한 고고한 민족정신이다. 오늘날 이토록 우리 사회가 이전투구泥田鬪狗의 장이 된 것은 바로 선비정신이 사라진 때문이다. 눈앞의 이익만 추구한 채 수단과 방법을 가리지 않는 우리 사회가 무섭다. 지름길 문화가 겁이 난다. 선비정신을 회복하여야 한다. 그래야 내가 살고 네가 살며 민족이 살 수 있다.

천성암天成庵

고향 길은 언제 걸어도 정답다.

그것도 솔향기 묻어나는 산골길을 걷는다는 것은 한여름 더위를 식힐 수 있는 한 사발 냉수를 들이켜는 것보다 더 시원하다. 모처럼 휴일을 맞아 친구 내외와 우리 내외 네 사람이 산행을 하기로 했다. 오월의 신록과 싱그러운 공기가 푸른 하늘만큼이나 애드벌룬이 되어 우리의 가슴을 가득 채운다. 하이네가 시를 쓰고 슈만이 곡을 붙인 연가곡 '시인의 사랑' 중 첫 번째 곡인 '이 아름다운 오월의 아침에'가 저절로 입속에서 흥얼거려진다.

눈부시도록 아름다운 오월의 아침을 누군들 싫어할까. 모든 꽃봉

오리들은 화창하게 피어나고 가슴엔 말할 수 없는 설렘이, 새들은 저마다 노래하는데 사랑하는 이에게 그리움과 갈망을 말하지 않을 젊은이가 어디 있겠는가.

처음 출발은 연전에 가본 영천 묘각사로 가고자 했으나 중도에 코스를 바꾸어 고향에 있는 천성암天成庵으로 향했다. 천성암은 와촌 갓바위 길로 가다 오른편 팔공산 자락에 위치하고 있는 조그만 암자다. 고향에 있는 암자지만 그리 많이 알려진 곳이 아니라 지금껏 가본 기억이 없다. 어릴 때는 와촌에 있는 명승지라고는 불굴사 아니면 갓바위 등지로만 알고 놀러 다닌 거다. 거기다 조금 더 나갈라치면 영천 은해사나 하양 환성사 정도가 고작이었다.

지금은 갓바위가 명승지가 되어 도로도 번듯하게 닦여 있지만 어릴 때는 호랑이가 나온다던 곳이다. 그 시절 어려움을 이기지 못하여 친구네 한 가정은 깊고 깊은 퍽정리 골짝에 염소를 키우러 들어갔었다. 그 친구네는 일찍이 땅을 확보함으로 인해 지금은 거부가 되었지만 그 때는 사람 살 곳이 못되었다.

갓바위를 가려고 걷다 보면 암자가 눈에 띌 만도 했겠지만, 안내판도 버젓이 걸려있지 않던 시절이라 산중턱 어딘가에 있는 천성암은 자연히 눈에 띄지도 않았나 보다. 이번에 그곳을 찾게 된 것도 친구 부인이 와촌초등학교에 재직 중에 있는 터라 그곳 지리를 꿰뚫고 있었던 덕분이었다.

천성암 가는 길은 가파르지만 불도저로 시원하게 닦아놓았다. 길

가엔 나무숲이 울창하여 해를 가리어주니 가파르다 해도 힘든 줄은 모르겠다. 폭포수 시원한 계곡물이라도 흘러갔으면 좋을 성 싶으나 계곡이 보이지 않는 게 흠이다. 대신 늦봄이라 아직 매미소리는 없지만 이름 모를 산새가 노래를 불러주고 길섶엔 개망초나 씀바귀 등 산유화가 반겨주니 청량감을 더해 준다.

한참을 가다 보니 숲 속에 파묻혀 세속과 인연을 끊고 있던 조그만 암자가 눈앞에 불쑥 나타났다. 구중심처에 조용히 숨어 지낸 여염집 규수 같다고나 할까. 부끄러움에 어찌할 줄을 모른다. 문자 그대로 하늘을 이룬 암자이다. 여느 사찰에나 걸려있을 번듯한 안내문조차 하나 없는 걸 보니 인적이 드문 고찰인 모양이다. 쇠락하여 겉모양은 볼품없지만 여기가 천삼백여 년의 역사를 고스란히 짊어진 암자라니 믿기지가 않는다.

암자 옆에 마련된 조그만 산신각이 활짝 문을 열고 반긴다. 수염 허연 호랑이가 산신인가, 버젓이 누워 바라보는 시선이 예사롭지 않다. 산신이나 칠성을 불교에서 언제부터 신앙의 대상으로 받아들인지는 모르겠다. 아마도 불교가 토착화되는 과정에 우리의 전통 샤머니즘을 받아들인 것이리라.

암자 옆 대나무에 둘러싸여 있는 넓은 바위가 발길을 끈다. 의상대사가 이 바위에 앉아 수행을 했단다. 댓잎 사이로 불어오는 바람소리가 천 년의 세월을 뛰어넘은 대사의 법문 소리 같다. 바위에 서 보니 동으로 확 트인 넓은 들판이 눈앞에 펼쳐진다. 바라보이는 어느 지점에 고향마을이 어렴풋이 있을 터. 산등성 숩이진 곳 저수지 옆에 잠들어 있는 할아버님과 어머님 산소가 저 아래 보인다. 고향 사람들이 해마다 해맞이를 이곳에서 한다니 가히 그럴 만한 가치가 넉넉한 바위로 여겨진다. 눈을 들어 바라보니 멀리 동으로 태백의 준령이 병풍을 싸듯 사방을 에워싸고 있다.

바위 사이에 뿌리를 내려 버티어 살고 있는 수령이 오래된 느티나무 두 그루가 이채롭다. 수백년 동안 바위 틈새를 비집고 살아 온 것 같다. 어떻게 흙 한줌 보이지 않는 저곳에 뿌리를 내리고 자랄 수 있는 걸까. 악착같이 틈바구니에 뿌리를 내리고 살아가는 나무를 바라보노라니 가슴이 아려온다.

사방은 적막한데 바람소리 벗 삼아 바위 위에 정좌하니 대사의 설법이 어디에선가 들려오는 듯하다. 동녘에 달이 뜨고 사위가 적막에 잠기면 화엄경을 읽던 낭랑한 그의 목소리가 바람결에 실려 오려나. 사바세계의 무거운 짐들일랑 다 내려놓고 무위의 세계로 빨려 들고프다.

바위 위로 불어오는 오월의 훈풍이 귓가를 간지럽힌다. 신기사바 심기극락身寄娑波 心寄極樂이라 했던가. 몸은 사바세계에 있지만 마음은 천상세계에 있는 기분이니 여기가 바로 선계인가 보다.

치산계곡

가을 햇살이 따사롭다. 점심을 먹고 소파에 길게 늘어져 앉아 있으려니 라디오에서 흘러나오는 음악이 며칠 전 가본 가을 산의 소슬바람을 귓가에 다시 불어넣는다.

그날도 오늘처럼 햇살이 풍요로웠다. 들녘엔 익어가는 벼들로 황금물결을 이루었고 산야에는 구절초가 바람에 하늘거리고 있었다. 치산 골에 펼쳐진 가을 풍경은 이방인의 숨소리조차 가만두지 않고 빨아들이는 듯하다. 찌든 도회를 벗어나길 잘했나 보다. 어디선가 산 꿩이 푸드덕 푸른 날갯짓을 한다.

치산계곡의 초입은 예전과는 사뭇 다르다. 전에는 차를 계곡 밑에다 두고 걸어서 진입할 수 있었는데 지금은 차로 한참이나 올라갈 수 있도록 길이 잘 닦여져 있다. 천년고찰 수도사 주차장에 차를 주차한 채 거기서부터 걷기로 했다. 눈앞에 펼쳐지는 풍광이 예사롭지 않다. 계곡은 자연 그대로 살아 숨 쉬고 있다. 인공미가 가미된 흔적이 없어 좋다. 도시 근교에 이런 좋은 계곡이 있다니 믿어지지가 않는다. 명산 팔공산이 주는 넉넉함이다.

한참을 올라가노라니 비경이 펼쳐진다. 늘어선 소나무 사이로 폭포가 수줍은 듯 살포시 얼굴을 내밀고 있다. 가을가뭄에 물길이 끊어질 법도 하다만 산은 시원스레 물길을 쏟아내고 있다.

이곳에 다다르자 돌아가신 어머님 생각이 갑자기 떠오른다. 어릴 적 어느 해 여름 어머님은 친구들과 이 폭포에 물 맞으러 오신 일이 있다. 소위 요즘 같으면 물마사지를 받으러 오신 게다. 점심을 준비하여 먼 길을 걸어오셨던 어머님은 그날따라 일진이 좋지 않았던지 그만 바위에 미끄러져 손을 바위 위에 때리는 바람에 크게 다치셨다. 그리하여 그해 여름내 고생하시던 모습이 눈에 선하다. 저 바위 어느 지점엔가 그때의 어머님 흔적이 남아 있으리라.

계곡에는 벌써 개옻나무가 빨갛게 물들어 눈길을 잡아끈다. 바위와 폭포, 단풍이 하나가 되어 진풍경을 자아낸다. 우리나라에는 이름난 계곡도 많지만 치산계곡도 세상에 두루 알려져 있지 않다뿐이지 결코 뒤지지 않을 듯싶다.

빨갛게 칠한 출렁다리가 계곡을 가로지른다. 그 아래 펼쳐진 풍경은 선계가 따로 없다. 어머니 젖가슴마냥 포근함이 밀려온다. 너른 바위 위에 누워 늘어지게 한잠 잤으면 좋겠다. 지난밤 설친 잠이 일시에 몰려드는 듯하다. 세파에 찌든 마음을 씻으니 이곳이 세심洗心이 이루어질 도량이 아니고 어디란 말인가. 옛적 마의태자는 망해가는 신라를 바라보며 금강산을 찾아갔다지만, 오늘의 난 이 계곡에 몸과 마음을 누이고 세상사를 잊고 싶다. 봄이면 피어나는 잎들을 바라보고 여름이면 무성한 숲과 나무를 바라보며 세상사를 잊겠지. 그러다 가을이 오면 만산계곡은 붉은 빛깔로 수놓을 테고 겨울이면 백설이 온 산을 덮을 테니 그 아니 좋을쏜가.

조용하던 계곡에 두런두런 소리가 들린다. 아이들을 거느린 일군의 사람들이다. 계곡은 그들로 잠시 활기를 되찾는다. 아마 진불암을 향하여 가는 일행들인가 보다. 그들의 발자취가 사라지자 계곡은 금세 평온을 되찾는다. 또르르 도토리 한 알이 바위 위에 구른다. 저쪽 숲에서 다람쥐가 숨어 바라보고 있다. 다람쥐의 양식을 사람들은 모두 주워 가져가 버렸다. 그러니 다람쥐의 번뜩이는 눈빛이 예사롭지 않다.

짧은 가을해가 서산을 기웃거린다. 모든 상념은 뒤로하고 또 속세로 내려가야 하나 보다. 오늘은 내가 앉아 쉬었으니 내일은 또 어느 나그네가 잠시 쉬다 가려나.

뽀르르 산새 한 마리가 머리 위로 날아간다.

틈

육군 1사단 작전지역 안에 있는 도라전망대에 올랐다. 이곳은 한 번도 가 본 적이 없는 DMZ 안 지역이다. 날씨가 맑아 망원경으로 보지 않더라도 북한 지역이 훤히 보인다. 손에 잡힐 듯 송악산도 보이고 그 아래 개성 시가지의 끝자락도 어렴풋하다. 남북출입사무소를 거쳐 개성공단으로 가는 차량들이 달린다. 저들이 전파교란을 목적으로 우뚝 세워 놓은 송신탑도 보인다. 우측으로 고개를 돌리자 북한 인공기가 높게 휘날리고 있다. 다 같은 우리네 땅인데 갈 수 없다는 것이 한스럽다.

전망대를 빠져나와 제3땅굴을 찾았다. 발견되었기 망정이지 그렇지 못했다면야 어찌할 뻔했던가. 생각만 해도 몸서리쳐진다. 적이 군장을 꾸린 채 한 시간 안에 삼만 명이 내려올 수 있다. 저들이 우리 군복을 입고 배후에 침투한다면 엄청난 일이 벌어질 것이다. 땅굴작전은 베트콩에게 배운 건가. 공산화의 야욕을 버리지 못하고 있는 저들이 소름끼치게 무섭다. 안보에 있어서는 조그만 빌미의 틈도 저들에게 보이지 말아야 할 텐데, 작금 우리 내부는 스스로 허물어지고 있으니 겁이 난다. 태극기와 애국가를 부인하는 자들이 버젓이 국회에까지 진출해 있으니 말이다.

난 군 생활을 후방에서만 했기에 전방 실정은 모른다. 지금까지 그저 말로만 들어온 것밖에 없다. 위생병으로서 병원생활만 했기에 더욱 그러하다. 김신조 일당이 청와대 습격사건을 저지르기 전에는 군병원은 말 그대로 엉망이었다. 밤만 되면 내무반은 졸병들 몇 만 남았지 대부분 외출이나 외박을 나가버렸다. 그것도 정상적으로 나가는 게 아니라 무단으로 나가는 거였다. 병원 외곽은 경비중대가 와서 경비를 섰지만 곳곳에 개구멍이란 것이 만들어져 있어서 언제든 드나들 수 있었다.

총기도 습격사건이 있기 전에는 병원에는 권총 세 자루밖에 없었다. 병원장 한 자루, 당직사령관 한 자루, 위병소 근무자 한 자루가 전부였다. 그랬던 것이 사건 이 후에 완전히 달라졌다. 병원근무 자들에게는 칼빈 소총이 지급되었다. 군의관이나 간호장교도 마찬가지였다. 5분 대기조가 만들어지고 저들이 산악 훈련을 할 때 모래주머니를 차고 했다는 것을 알고 모든 병사들은 모래주머니를 다리에 감고 근무하게 했다. 군 병영 체계가 완전히 달라졌다. 제대도 32개월에서 36개월로 늘어졌다. 요즘 군 생활은 그때에 비견할 수가 없다. 만약 젊은이들에게 그렇게 근무하라 할 것 같으면 탈영이나 자살하려 들 것이다.

이번에 전방을 방문하게 된 계기는 1사단 훈련병들 진중세례식 때문이다. 세례식에 참석한 훈련병들을 보고 적이 놀랐다. 훈련병의 모습은 새카맣고 꾀죄죄하리라 짐작했었는데 그게 아니었다. 잘먹고 자외선 차단 크림을 발랐기 때문일까, 작열하는 여름 햇살 밑에서 훈련한 저들의 얼굴이 뽀얗고 건강하게 보이는 모습들이 훈련병 같지 않다. 지급된 얼룩무늬 군복도 단정하다.

내가 훈련소에 들어갈 때는 한창 무더위가 극성을 부릴 때였다. 대학 3학년 때 ROTC 군사교육을 받다 3개월 만에 자퇴서를 내었더니 여름방학 중에 입영통지서를 받게 되었던 것이다. 그때는 식사도 변변찮은 데다 여름 뙤약볕 아래서 훈련을 받다 보니 꼴이 엉망이었다. 그때와 지금을 비교할 수는 없겠지만 훈련병이라는 입장은 같지 않을까 해서다.

큰 제방도 작은 구멍에 의해 틈새를 보이면 금방 무너진다. 도라전망대와 제3땅굴을 둘러본 나로서는 훈련병들에게 부탁하고 싶다. 기독정신으로 무장했으니 우리의 안보를 튼튼하게 지켜달라고 말이다. 군인은 나라를 지키는 최전선에 선 자들이다. 이들의 안보의

식이 무너지면 나라가 무너진다. 이들은 적과 마주보고 있는 사단에 배치될 자들이고 서부전선을 책임질 자들이니 단단히 마음을 굳게 먹고 임무를 수행해 주기를 바라는 마음이다. 요즘도 그런 군가를 부르는지 모를 일이지만, 내가 군 생활할 때 늘 부른 군가 중에 '부모형제 우릴 믿고 단잠을 이룬다'라는 것이 있었다. 너희들을 믿고 부모형제는 오늘도 단잠을 이룰 수가 있다.

헛다리

태풍 볼라벤이 한반도로 올라오고 있다고 연일 방송에서 보도하고 있다. 잡힌 여행 일정이 걱정스럽다. 운 없게도 하필 우리가 여행을 떠나려는 그날에 들이닥칠 게 뭐란 말인가. 하루 일찍 상륙하든지 아니면 하루 미룰 일이지, 사람이 임의대로 그런 일을 저지른다면 당장 경칠 일이 아니던가. 이럴 때는 말 그대로 당황스럽다. 불입한 여행비를 몽땅 돌려받을 수만 있다면야 여행을 당장 취소할 수도 있겠으나 여행사에서 취소하지 않는 이상 그럴 수가 없다. 규정상 여행 전일 자의로 취소하면 지불한 돈의 50%가 날아가기 때문이다. 지금까지 많은 해외여행을 다녀보았지만 이와 같은 일을 만나기는 처음이다. 여행사에 전화를 걸어보았다. 여행은 이상 없이 이루어진단다.

이번 여행은 아들네 식구들과 우리 부부가 같이 가기로 작정한 여행이다. 가족의 결속을 다지기 위함이다. 아들은 이번 여행을 우리와 같이 북해도로 가려고 만반의 준비를 다한 거였다. 이를 위해 휴가도 붐비는 여름 성수기를 지나 느지막하게 잡았다. 우리도 부부끼리만 다니다 가족끼리의 여행이라 무척 마음이 설렜다. 인터넷으로 여행사가 지정한 북해도의 명소들을 찾아보았다. 겨울 북해도는 설경을 만끽할 수 있겠지만 여름 북해도는 빼어난 자연미를 감상할 수 있을 것 같아 좋았다. 원전사고로 인해 마음 개운하지 않은 점도 있지만 풍부한 해산물을 즐길 수 있다니 이 또한 좋은 일 아니던가. 아내는 좋아하는 온천도 즐기고 재롱을 피우는 손자 녀석과 많은 시간을 가질 수 있다는 데 더욱 마음 설레는 모양이다.

인천공항 미팅시간이 아침 7시 30분이다. 밤에 공항 가는 리무진으로 같이 올라갈까 하다가 포기했다. 왜냐면 비바람이 몰아친다는 밤길을 달린다는 것은 위험할 것 같아서였다. 아기가 있고 해서 아들네 식구들은 공항 근처에 살고 있는 동서네 집에 가서 하룻밤을 묵고 가도록 했다.

우리 부부는 서울 큰딸네 집에서 머무르다 아침에 갈까도 했으나, 떠나는 날 사위가 중요한 연주가 있어 피하고자 했다. 사실 내가 연주해 보아서 알지만 연주자는 컨디션 조절에 신경을 써야 한다. 조금만 흐트러지면 연주를 망칠 수가 있다. 그런데 새벽같이 일어나 우리를 인천공항까지 태워준다면 컨디션을 망칠 수가 있다. 거기다 딸아이도 대구에 내려가서 강의를 해야 하니 일은 더 꼬일 터. 자기네 집에 올라오라 했지만 일찌감치 우리가 포기했다. 연주할 때 까탈스럽던 내 성미를 아는 아내는 지금도 가끔 그때를 얘기한다.

우리 부부는 공항 근처 호텔을 예약했다. 필요치 않은 돈이 지출되지만 마음이 편할 것 같아서였다. 공항에 도착하여 전화를 하니 차를 보내주겠단다. 내일 여행이 오늘처럼 슬슬 잘 풀렸으면 좋겠다. 호텔은 최근에 지은 집이라 아담하고 깨끗하다. 집 나서면 개고생이라지만 이만한 고생은 견딜 만하다.

새벽녘 창을 두드리는 소리가 들린다. 비가 내리는 모양이다. 커튼을 걷고 희끔한 창을 넘겨다보았다. 정원에 나뭇가지들이 심한 몸살을 앓고 있다. 태풍이 가까워지나 보다. 일기예보를 본다. 아직은 이곳과는 먼 지점을 통과하고 있다. 이 정도면 괜찮겠지. 공항에서 이착륙하는 비행기 소리가 이토록 반갑게 들리다니. 하늘에는 먹구름이 이리저리 몰려다닌다.

공항에 도착하니 아들 내외가 먼저 도착해 있다. 약간은 불안한 기색이 보인다. 여행사 직원은 비행기가 이륙할 수 있단다. 속속 수속이 밟아졌다. 아무것도 모르는 손자 녀석은 연신 방긋거리고 있다. 공항을 이륙만 한다면 북해도는 태풍과 다른 방향이라 비행이

순조로울 것 같다. 비행기를 탈 시간이다. 길게 널어선 줄 속에서 긴장한 나를 발견한다. 비행기는 대형이 아닌 중형급이다. 세 시간 후면 아무 일도 없었던 듯 사뿐히 나비마냥 북해도 공항에 나래를 접겠지.

그러나 거기까지가 나의 희망이었다. 계류장을 빠져나간 비행기는 꼼짝을 않는다. 관제탑에서는 유럽 등 장거리 비행기를 서둘러 먼저 출발시키는 모양이다. 기내에서 네 시간을 기다렸다. 기다리는 순간에 태풍은 공항을 휩싸고 있다. 지연 출발도 안 되고 그냥 비행 일정이 취소되고 말았다. 휴가를 몽땅 망쳐버린 아들의 얼굴을 보기가 민망스럽다. 여행사에서는 여행을 뒤로 미룰 수도 없단다. 그대로 취소란다. 살다 보면 계획했던 일이 오늘처럼 뒤틀리는 수가 있다. 그러기에 사람이 일을 계획했더라도 그 길을 인도하시는 이는 여호와 하나님이라 하지 않았던가. 하나님이 우리 여행을 허락하지 않으시니 도리가 없다. 완전 헛다리짚었다. 이럴 때 생각나는 것이 새옹지마塞翁之馬다. 하나님이 우리를 위해 더 좋은 것을 준비해 주시려 그러했겠지.

희망

모로코를 여행할 때였다. 카사블랑카의 모하메드 5세 광장과 하산 메스키타 등을 관광한 후 수도 리바트로 이동했다. 거기서 핫산탑과 왕궁을 둘러본 후 관문 탕헤르로 이동 중이었다. 우리가 탄 버스는 스페인 관광버스였다. 모로코에 도착했을 때 가이드가 일러준 말이 실제가 되고 말았다. 탕헤르에서 스페인까지는 먼 거리가 아니다. 지브랄타 해협만 건너면 된다.

버스 뒤편이 갑자기 쿵쾅거린다. 무슨 사고라도 났나 싶어 뒤를 돌아보았다. 아니나 다를까 열일곱여덟 살 정도로 보이는 모로코 청년들이 버스에 매달려 있다. 그들은 운전기사에게 자기들의 상황을 알리고 차를 세우라는 뜻으로 두드리는 모양이었다. 잠시 후 기사는 도로변에 차를 정차했다. 그러자 그들은 기다렸다는 듯이 차 밑으로 들어가 매달려 버렸다. 아무리 나오라고 설득을 해도 나오지 않자 차는 그들을 매단 채 출발했다. 버스는 이윽고 선착장에 도착했다. 우리들은 선실로 들어가고 그들은 그대로 버스에 매달린 채 해협을 건넜다. 그러나 스페인에 도착한 후 그들은 붙잡히고 말았다. 그들은 재수가 없어서 붙잡혔지 그러지 않고 스페인으로 숨어드는 자들도 부지기수란다.

그러면 그들은 왜 스페인 관광버스만 보면 달리는 버스에 목숨을 걸고 죽음의 탈출극을 연출하는 걸까. 정치적인 압박을 피하려 자유를 찾아 모로코를 탈출하려는 것은 아닌 것으로 보인다. 그들의 목적은 돈에 있는 것 같다. 스페인으로 불법으로라도 입국만 하면 돈을 벌 수 있기 때문이다. 모로코는 GNP가 3천 달러를 조금 넘는 가난한 나라다. 그러나 좁은 해협만 건너면 스페인은 3만 달러가 넘는 잘 사는 나라다. 그러기에 무조건 숨어들기만 하면 돈을 벌 수 있다. 그러면 그들은 꿈을 이루는 거다. 모로코는 실업률이 60%를 넘는다고 한다. 배운 것도 없는 가난한 청년들에게는 그것이 유일한 희망이다. 탈출은 왜 하려는 걸까. 희망을 보기 때문이다. 희망이 보이면 죽음까지도 불사할 수 있다. 절망이 있는 곳에서 희망의 빛줄기는 생명의 빛이다.

독일을 여행하면서 베를린 시가지를 들른 일이 있다. 시티투어

버스를 타고 관광하던 중 베를린 시가지를 가로막았던 장벽 앞에 가보았다. 분단의 상징물을 다 철거하지 않고 기억하기 위해 남겨 둔 곳이 있었다. 동베를린과 서베를린을 가르고 있던 장벽은 1961년에 세워졌다가 1989년 무너지기까지 냉전시대 독일 분단의 상징이었다. 이 장벽을 넘어 동베를린에서 서베를린으로 탈출하는데 성공한 사람은 모두 23만을 넘었다고 한다. 그들처럼 성공한 사람이 있느냐 하면 탈출하려다 죽은 사람이 1,245명이었다. 그 중에 장벽 근처에서 죽은 사람이 136명이나 된다. 1962년 8월 17일에는 동베를린에 거주하던 18세 청년 페터 피히터가 친구와 함께 탈출을 시도하다 총을 맞고 장벽에서 떨어져 죽은 일이 있었다. 1999년 피히터가 죽은 그 자리에 세워진 기념물에는 '오직 그는 자유를 원했을 뿐이다.'라고 새겨져 있다. 그가 원했던 것은 자유였다. 자유를 찾기 위하여 죽음을 무릅쓴 것이다.

우리나라도 남과 북이 분단된 후 북한에서 남한으로 탈출하려다 희생된 사람이 엄청나게 많다. 현재도 북한에서 중국으로 국경을 넘다가 많은 사람이 죽고 있다. 그들도 탈출을 시도하려는 것은 억압 속에서 자유의 햇빛을 찾기 위함에서다. 종편 채널 중 A채널에서 방송하고 있는 '우여곡절 탈북스토리'를 본 일이 있다. 살아남기 위해 몸부림친 그들의 얘기를 듣고 있노라니 나도 모르게 눈물이 쏟아졌다. 남북을 가로막고 있는 155마일의 철조망은 우리들의 만남을 영구히 끊어 놓으려는 듯이 떡 버티고 있다. 그러나 언젠가 철조망이 무너지는 날 북의 동포들이 살기 위해 처절한 몸부림으로 남을 향해 밀려 들어올 것이다. 자유가 있는 곳에는 희망이 있기 때문이다.

모로코 청년들이 위험을 겁내지 않는 것이나, 동독 청년 페터 피히터가 죽음을 두려워하지 않은 것도, 북한 동포들이 죽음의 탈출을 시도하는 것도 희망을 보았기 때문이다. 절망은 죽음에 이르는 병이다. 희망은 절망을 무너뜨릴 수 있는 유일한 방법이다. 희망이 있는 곳에는 생명이 있다. 암을 극복한 자들의 증언을 들어보면 그들은 결코 절망하지 않았단다. 살 수 있다는 희망의 끈이 그들을 죽음의 공포에서 건진 것이다.

착한 나이지리아 인

지금은 해외여행이 자유화되어 시간과 돈만 있으면 가고 싶은 곳 어디든 갈 수 있다. 여권도 살고 있는 지역에서 신청하면 며칠 내로 발급 받을 수 있다. 그러나 그 전에는 그러지를 못했다. 여권을 발급받으려면 서울에 올라가서 안보교육을 받아야만 했다. 발급 또한 외무부에서만 취급했다. 또 정보화가 되어있지 못했던 시절이라 신원조회를 거치는 데도 각 지역 경찰서에서 현장까지 나가서 일일이 조회하는 고로 많은 시간이 소요되었다.

안보교육을 받을 때 제일로 다루는 건 분단국가이다 보니 북한과의 관계에서 오는 여러 문제들을 교육시키는 일이다. 다음으로 강조하는 것은 해외에 나가면 민간외교관이란 자부심을 가지고 국가의 명예를 지키라는 것이다. 해외에 나가면 누구나 애국자가 된다지만 잘못하다가는 국가와 국민의 명예를 실추시키는 일을 자기도 모르게 저지를 수가 있기 때문이다.

그런데 이번에 해외여행을 하면서 놀라운 경험을 했다. 흔히 인종에 대한 편견은 어느 나라 사람이건 어느 정도 가지고 있기 마련이다. 백인하면 착할 것 같고 흑인하면 무식하고 무법자들일 것처럼 보려는 경향이 있는 것 같다. 이는 아마 백인우월주의를 강조하기 위한 서구의 영화가 만들어낸 결과일 수도 있겠지만, 외모가 주는 것도 무시하지 못하리라 본다. 어쩌면 유색인종인 우리나라 사람도 그러기는 마찬가지일 것 같다. 나 역시 지하철에서 동남아 유색인들과 선뜻 자리를 같이하고픈 생각이 나지 않기는 마련이다.

이스라엘 호텔에서 일어난 일이다. 아침식사를 하려고 식당 앞에 갔으나 식사가 준비되어 있지 않아 입구에서 의자에 앉아 좌담을 하고 있을 때였다. 키가 후리하게 큰 아프리카인 한 사람이 우리 앞에 왔다. 자기는 나이지리아 인이라며 우리가 코리안이냐고 묻는다. 그렇다고 대답하자 오천 원 권 한 장을 꺼내들고는 달러와 바꿔 줄 수 없냐는 거다. 그러자 일행 중 한 분이 4달러 50센트 가격인데 50센트는 없으니 4달러 주겠다고 했다. 그러자 그는 흔쾌히 수락하고 4달러를 받아 갔다. 바꾸어 준 분은 농협에서 전무까지 지낸 분이다. 셈에는 밝은 분이다. 그는 아침부터 오백 원 벌었다고 싱글벙글

댄다. 우리는 그 오천원짜리가 위폐일 거라며 그를 놀려댔다. 식사 시간 내내 그것이 작은 화제였다.

문제는 그 다음에 일어났다. 호텔을 출발하려고 아침에 모였던 그 자리에 다시 모였을 때다. 환전해 갔던 그 사람이 조금 전에 자기에게 돈을 바꾸어 준 사람이 누구냐고 묻는다. 우리는 그를 가리키자 100달러 지폐를 내어놓고는 바꾸어 준 돈에서 그것이 나왔다고 한다. 바꾸어 준 분은 1달러짜리나 100달러짜리가 비슷하니까 확인도 하지 않고 100달러 한 장과 1달러 세 장을 같이 준 모양이다. 보통사람들 같으면 아침부터 횡재했노라고 시치미 떼며 좋아했을 텐데 그는 달랐다. 그렇게 하기는 쉽지 않은 일인데 말이다. 그들도 여행 중이라 떠나고 나면 그만이다.

바꾸어 준 그 분은 호텔 방에서 100달러가 자기 지갑에서 없어진 것을 확인하고는 애매하게도 같은 방 동료에게 혹시 내가 빌려 준 것이 없느냐고 물어 본 모양이다. 그러자 그는 100달러는 환전조차 하지 않았다고 자기 지갑을 열어 보이며 소동을 벌였단다. 물론 우리 일행은 같은 교회 장로들로서 사순절을 맞아 성지순례 중이었다.

그 작은 일로 인해 나이지리아 사람들을 보는 눈이 확 달라졌다. 100달러는 우리에게도 큰돈인데 가난한 나라 그들에게는 엄청나게 큰돈이었을 게다. 그러나 그는 양심을 팔아먹지 않았다. 나이지리아 외교관 수 명이 해외 나가 국가를 위해 홍보하는 것 이상으로 국가의 위상을 높였다.

나이지리아 하면 우리에게는 별로 인상이 좋지 않은 나라다. 왜냐하면 현대중공업 근로자 네 명이 그들에게 피랍되었기 때문이다. 아프리카 제 일의 인구 대국으로 두 번째로 큰 경제를 가지고는 있지만 일억 명이 하루 1달러 미만으로 생활하고 있다는 가난한 나라다. 유니세프의 도움을 받는 나라로 심각한 영양실조 어린이 한 명을 구하는 데 100달러면 된단다. 나이지리아는 이슬람과 기독교가 혼재된 나라다. 그들은 콤베주에서 온 120명의 순례단이란다. 한 사람의 작은 행동이 부정적인 그 나라의 인상을 바꾸어 놓았다. 지금은 자기 나라로 돌아갔는지 텔레비전에 모습이 보이지 않지만 우리말을 구수하게 구사하던 나이지리아 인 티모시라는 사람이 덩달아 생각난다.

3
사색의 그늘에서

겨울잠

실존주의 철학자 키에르케코르가 쓴 책 가운데 『이것이냐 저것이냐』라는 것이 있다. 그 책에서 작가는 이렇게 말한다. '모든 인간은 이 세상에 태어나면 겨울잠을 잔다.'고 말이다.

물론 작가가 한 이 말은 육체적인 것이 아니라 정신적인 것을 말함이다. 키에르케코르에 의하면 인간이 이 잠에서 깨어나는 것은 나와 같은 동성homosex이 아닌 이성heterosex을 밤새워 그리워할 때란다. 인간이 이성을 그리워할 때가 언젠가. 그것은 사춘기 때다. 삼라만상이 겨울의 깊은 잠에서 깨어나려면 대지에 훈풍이 살랑이며 불어올 때다. 마찬가지로 사람도 이 잠에서 깨어나려면 봄바람이 필요하다. 인간의 봄바람은 무언가. 그것은 이성에 대한 그리움이다.

겨우내 꽁꽁 얼었던 대지가 녹아내리는 소리는 갯버들가지를 타고 가만가만 녹아 흘러내리는 개울물이 될 수 있고, 온 산천이 흔들리듯 빙하가 무너져 흘러내리는 소리가 될 수도 있다. 난 이 소리를 요한 슈트라우스의 왈츠 <봄의 소리>에서 듣는다. 이 작품에서 힘찬 첫 코드는 산천을 흔드는 소리다. 그와 함께 폭풍 같은 A테마가 거센 바람을 몰아치며 론도형식을 시작한다. 훈풍이 대지에 나부끼는 소리는 중간부 C테마에서 듣는다. 바람에 가볍게 흩날리는 가녀린 여인의 치맛자락 나부끼는 소리와 같다.

인간에게 봄이 오는 소리도 이와 마찬가지다. 앙드레지드의 <전원교향악>에 나오는 눈먼 소녀 제르뜨뤼드와 같이 이성을 조용조용히 그리워하며 정신적 잠에서 깨어나는 자가 있는가 하면, 영원한 청춘의 우상 제임스 딘 같이 요란한 소리를 나타내는 자도 있다. 영화 '몽정기'에서 보여주는 아이들의 거친 행동도 마찬가지다.

지금 와서 돌이켜 생각해 보니 그 때가 아마도 내가 잠에서 깨어나기 위한 몸부림이었나 보다. 십사오 세쯤 되었을 게다. 어느 날 같은 동리에 사는 또래 여자 아이에게 소위 연애편지를 썼었다. 예쁘게 접어서 호주머니에 넣고 개울로 나가 고기잡이 한다고 정신없이 노닥거리다가 호주머니에서 빠져나간 줄을 몰랐었다. 개울 아래에서 고기잡이를 하던 선배들이 물 위에 동동 떠내려 오는 것을 발견하고 주워본 모양이다. 그 후 전해주지도 못한 편지 때문에 선배들로부터 심한 놀림을 당한 기억이 글을 쓰다 보니 새롭게 떠오른다.

아이들이 이 잠에서 깨어나기 위해 몸부림치는 모습들을 바라보면 신선한 느낌을 받을 때가 많다. 그것은 사내아이나 계집아이나 마찬가지다. 그 대상이 또래 아이들이 될 수도 있지만 자기들이 하루 종일 곁에서 가까이할 수 있는 선생이 그 대상이 될 수도 있다. 남학생에겐 여선생이, 여학생에게는 남선생이 대상이 되어 애정과 존경을 쏟아 붓게 된다. 그것은 결코 나무랄 수 없는 자연적 현상이다. 선생님을 대상으로 몸부림치는 자는 대체로 빗나가지 않는다. 겉으로 폭풍이 일듯이 애정을 표현하는 자들도 있는가 하면 속으로 끙끙대며 애정을 갖고 있는 자들도 있다, 어떤 아이는 그 깨어나는 과정이 처절하다고 느껴질 때가 있다. 아침마다 꽃을 사갖고 오는가 하면 쉬는 시간마다 교무실에 와서 미적거리는 아이도 있다. 어떤 아이는 자기 외에 나한테 인사도 못 하게 한다.

그 많은 아이들 가운데 유독 잊을래야 잊을 수 없는 한 아이가 생각난다. 벌써 30년 넘은 이야기다. 그 아이는 합창반에서 노래하던 2학년생이었다. 볼이 언제나 발그스름하던 그 아이는 아버지를 일찍 여의었다고 했다. 오빠는 공군 조종사였고 어머니와 둘이 살고 있었던 것으로 기억한다. 언제나 나를 따르던 그 아이는 봄에 수학여행을 설악산으로 가게 되었을 때다. 여행을 가기 전 만약 내가 인솔교사로 가지 않으면 여행을 가지 않겠다고 떼를 쓴다. 담임이 아닌 나로서는 어찌할 수 없는 일이다. 달래고 달래어 대신 내가 예쁜 모자 하나를 사줄 테니 갔다 오라고 타일렀다. 여행을 떠나기 전날 백화점에서 모자 하나를 사 주겠노라고 약속을 했다. 그런데 백화점에 나가 보니 많은 아이들이 법석이는데 어찌할 도리가 없었다. 미안하게도 난 약속을 지켜주지 못했다.

수학여행을 마치고 돌아오는 날이다. 선생님들은 돌아오는 아이들을 마중하기 위해 역 광장으로 나아갔다. 목이 쉬어버린 아이들은 교가를 부르며 한껏 기쁨에 차 있었다. 그 와중에도 아이는 저 멀리서부터 고개를 빼어들고 나를 찾고 있다. 그러자 해산 명령과 함께 나에게로 달려온다.

선생님을 통하여 깨어나고자 애쓰는 자들은 길면 일 년이다. 한 일 년 정도 그러다 보면 언제 그랬느냔 듯이 제자리로 돌아간다. 그 후 아이는 학교를 졸업하였고 후의 소식은 모른다. 아마 지금쯤은 그 때를 회상하며 피식 웃음지을 수도 있겠지.

기도

기도는 바람[願]이다. 이는 약자가 강자에게 도움을 구하는 행위다. 기도하는 자는 내가 약자라는 것을 전제로 한다. 약하지 않은데 기도할 턱이 없다.

위생병으로 육군병원에 근무할 때였다. 하루는 우연히 혈압을 체크해 봤다. 그랬더니 혈압이 무척 높게 나왔다. 그것을 지켜본 내과 과장이 당장 입원하라고 한다. 다음 날 서둘러 입원을 했다. 자대 병원이기에 입원이 간단했다. 남들이 보기에는 꾀병 환자나 다름이 없었다. 3개월을 병상에서 빈둥거리다 혈압이 안정되기에 퇴원을 했다. 그때 군목님이 내게 가르쳐주신 기도문이 '하나님 중년에 나를 데려가지 마옵소서'라는 거였다.

이 기도문은 성경 시편에 나오는 거다. 고난당한 자가 마음이 상하여 그의 근심을 여호와 앞에 토로하는 기도 중 하나이다.

그날 이 후 이 기도문은 나의 기도의 삶에 일부분이 되어버렸다. 젊디젊은 내가 쓰러질 수야 없지 않은가. 그래서 그런 걸까, 이 나이가 되도록 하나님은 나를 데려가지 않으시고 이 땅에 살게 해 주셨다. 그러니 이제는 이 기도문을 더 이상 하지 않는다.

기도는 영적 호흡이다. 아무리 건강한 자라도 호흡이 멈추면 죽는다. 폐활량이 좋은 사람이라도 5분 이상 숨을 멈추고 살 수는 없으리라. 생애 전환기 검사 시 폐활량을 측정했다. 아마 나이가 들면 폐의 기능도 그만큼 떨어지나 보다. 흡연을 하지 않고 성악을 공부해서 그런지 아직까지는 폐활량이 줄어든 것 같지가 않아 다행이다. 아이들이나 노인들은 떡 같은 음식을 먹을 때는 조심하라고 한다. 잘못하다가는 기도氣道를 막을 수 있기 때문이다. 건강한 삶은 건강한 호흡에서 온다 해도 별 무리가 없을 것 같다. 그러므로 육체가 살기 위해서는 호흡이 필요하듯 영靈이 살기 위해서는 기도가 필요하다.

성경은 가르치기를 쉬지 말고 기도하라 했다. 호흡이 있는 한 삶이 기도가 되라는 말이다. 기도해야 할 일들이 참으로 많은데 기도를 멈출 수는 없다. 이기적이지 않는 한 자신의 삶뿐만 아니라 자녀의 삶을 위해서도 기도해야 한다. 기도의 자녀는 결코 망할 수 없단다. 아울러 내가 살고 있는 국가와 민족을 위해서 기도해야 한다. 그러고 보면 올해는 기도해야 할 일이 또 한 가지가 더 생겼다. 대선大選이 코앞이니 말이다. 좋은 일꾼을 뽑을 수 있는 지혜를 달라고 기도를 해야 할까 보다.

대학입시 철이 다가왔다. 교회나 사찰마다 자녀를 둔 부모들의 발길이 바쁘다. 이때쯤 팔공산 갓바위는 전국에서 몰려든 기도 객들로 인해 붐빌 터. 갓바위 부처가 가장 골치 썩일 때다. 누구의 자녀는 좋은 점수를 주고 누구의 자녀는 떨어뜨려야 하기 때문이다. 이때가 되면 늘 생각나는 글이 있다. 오래 전 신문에 실린 법정 스님의 칼럼이다. 사람들은 자녀를 위해 기도는 해야 하는데 어떤 기도를 해야 할 것인가에 대해 잘 모르는 것 같다. 그저 맹목적으로 치성만 드리면 되는 줄로 착각한다. 다른 이의 아이야 어떻든 내 아이만 잘되면 그만이라는 생각이다. 좋은 대학에 들어가는 것만이 목적이다. 그 다음은 관심 밖이다. 일류대학만 나오면 추한 인생을 살지 않게 된다는 보장은 없는데도 말이다. 부모가 자녀를 위해 어떤 기도를 드려야 할 것인가에 대해 종교를 달리하는 법정 스님도 맥아더 장군이 드린 아들을 위한 기도란 글을 추천한다. 부모가 자녀를 위해 할 수 있는 기도는 바로 이런 것이란다.

'제 아이를 이런 사람으로 자라게 하소서
자신이 약할 때를 분별할 정도로 강하고 두려울 때 맞설 만큼 용

감하고

정직한 패배에 부끄러워하지 않고 의연하며

승리에 겸손하고 온유할 수 있는 사람으로 키워주소서

자신을 아는 것이 참된 지혜임을 알게 하소서

그를 평탄하고 안이한 길로 인도하지 마옵시고

폭풍우에 맞서 용감히 싸울 줄 알고 패배를 가엾게 여길 줄 알게 하소서

남을 지배하려 하기 전에 먼저 자신을 다스릴 줄 알고

웃을 줄 알면서도 우는 법을 결코 잊지 않게 하시고

미래를 내다보는 동시에 과거를 잊지 않는 아이가 되게 하소서

이 모든 것을 다 이루어 주신 다음에

늘 진지함을 잃지 않으면서도 지나치게 심각한 사람이 되지 않게 하소서

참된 지혜는 열린 마음과 소박함에 있음을 알게 하소서.'

시인 김현승님은 '가을에는 기도하게 하소서.'라고 말했다. 영롱한 아침이슬이 싱그럽다. 두리봉 가는 길가에 코스모스는 아름다운 자태를 뽐내며 가을바람에 한들거리고 있다. 짙은 보라색의 나팔꽃은 길게 하품을 한다. 드높고 푸르른 가을, 이 가을을 주심을 감사하면서 더 많은 기도의 시간을 가져야겠다.

낙조落照

금호강 둔치에 앉아 낙조를 바라본다. 서편 하늘은 붉게 물들고 기러기 떼가 북쪽 하늘을 향하여 점점이 날아간다. 낙엽은 소리 없이 강물에 떨어지고, 떨어진 낙엽은 정처 없이 어디론가 흘러간다.

동산에 떠오르는 해가 아름답지만 서산에 걸린 해도 못잖게 아름답다. 해 그림자가 길게 드리워지고 노을이 강물에 살짝 어깨춤을 내려놓으면 강물은 금세 금파金波를 이루고 너울너울 신령한 춤을 춘다. 요한슈트라우스의 왈츠가 아니라도 좋다. 길게 목 뺀 구성진 육자배기 한 자락이라도 있었으면 좋겠다.

건너편 인터불고 호텔의 모습이 물속에 잠기면 영남루는 살짝 처마를 치켜든다. 갑자기 백로 한 마리가 어디선가 훠날아와 먹이사냥에 여념이 없다. 수질이 맑아 그런지 금호강에는 계절을 잊은 듯 백로들의 모습이 자주 눈에 띈다. 일급수에만 산다는 꺾지나 배스까지 살고 있는 걸 보면 금호강은 그들에게는 먹이가 차고 넘치는 모양이다. 팔뚝만 한 잉어가 어슬렁거리며 헤엄치고 노는 것을 보면 더욱 그러하다.

금호강의 이러한 모습을 안개 자욱한 아침에도 좋아하지만 해 그림자가 길게 드리우는 석양의 풍광을 더 좋아한다. 강변에 낙조를 받으며 호젓이 앉아 있노라면 지나간 세월들이 겹겹이 파노라마 치며 떠오른다. 고향 강변에서 뛰놀던 추억들이다. 지금은 서울에 살고 있는 친구와 어울려 무던히도 노래 부르며 어린 날의 꿈을 키우지 않았던가. 그 친구는 지금 월남전 고엽제 후유증으로 거동이 불편하여 고향을 찾지 못하고 있다. 그도 아마 지금쯤 한강변에 앉아 낙조를 바라보며 어린 날의 추억에 잠기리라.

저 근처 숲에서 백로 한 마리가 또 날아와 먼저 것과 조우한다. 친구일까, 연인일까. 둘은 자맥질을 해댄다. 그 둘을 바라보노라니 몇 년 전 짝 잃은 친구가 생각난다. 외로움을 달래기 위해 술을 벗 삼고 있는 그가 애처롭게 느껴진다. 토닥대든 말든 부부는 같이 해로하는 것이 복이거늘 짝 잃은 그는 얼마나 쓸쓸하고 외로울까. 미물도 저렇게 머릴 맞대고 노닥이고 있거든 사람은 말해 무엇 하랴.

저무는 가을 해를 바라보며 인생의 쇠락을 돌아본다. 활기찬 봄도, 무성한 여름도 다 지난, 어쩌면 저무는 저 해와 다를 바 없는 인생 끝자락을 붙들고 살고 있는 가련한 존재가 노년기이다. 어느 정치 노객은 황혼을 벌겋게 물들여 놓겠노라고 호기 어린 객기를 부려 보지만 그것 모두 허사일 뿐이다. 모든 것을 잡아보겠다고 몸부림쳐 보지만 그것마저 허무일 뿐. 하루해가 길게 낙조를 드리우며 사라지듯 인생 또한 그렇게 사라질 수밖에 없는 서글픈 존재다. 강물에 깊게 드리운 망우공원의 그림자처럼 길게 그림자를 드리우다 사라진다. 그때 다만 추한 노인네의 모습은 보이지 말고 낙조처럼 우아한 모습으로 살다 사라진다면 좋겠다.

망우공원 언덕배기에 드리워 놓은 강태공들의 낚싯대 모습이 한 폭 동양화 같다. 세월을 낚고 있는 거다. 낙조에 몸을 맡기고 있는 그들이 한가롭고 여유 있게 느껴진다기보다 무참한 세월을 한탄하는 것 같아 안쓰럽다. 하루 종일 낚시질을 했건만 살림망은 텅 비어 있다.

해는 서산에 반쯤 걸려있다. 곧 해가 지고나면 사방은 어두움이 지배하겠지. 휙 불어오는 찬바람이 옷자락을 여미게 한다. 인터불고 호텔의 창에서 하나 둘 불빛이 새어 나온다. 이제 노을은 길게 여운을 남겨주고 제 그림자를 감추려 하고 있다. 부리를 맞대고 자맥질을 하던 백로는 밤새 쉴 곳을 위하여 제 갈 곳을 찾아갔다. 호텔 연회장 로비의 불빛이 점점 밝아지는 걸 보면 밤의 정령이 지배하려나 보다.

어디서 날아온 건지 붉디붉은 낙엽 하나가 뺨을 스치고 파르르 저만치 발끝에서 애달피 떨고 있다.

남가일몽南柯一夢

내게 돈이 주어진다면 한 백억 원 정도 주어졌으면 좋겠다. 그러면 내가 하고 싶은 것 죄다 해 볼 수 있겠지. 아들의 아파트도 큼직한 것으로 바꾸어 줄 수 있을 테고 큰딸의 피아노 연습실도 근사하게 만들어 줄 수 있을 게다. 연식 낡은 자동차도 남들이 부딪힐까 피해 간다는 고급외제차로 바꿀 수 있을 테고, 강남구 어딘가 쯤에 고급 주상복합 아파트에 들어가 탁 트인 시야를 관망하며 뽐내고 살 수 있겠지. 여분이 생긴다면 골프채 휘두르며 해외도 뻔질나게 돌아다닐 수 있을 게다. 그런데 아무리 생각해도 그럴 일은 없을 것 같다. 로또복권에나 크게 한 번 당첨되면 모를 일이로되 그저 봄날

개꿈이다.

그 개꿈이 행여나 내게 이루어지나 싶어 로또복권을 산 일이 있다. 산 날부터 주말까지 얼마나 허황된 꿈에 젖었는지 모른다. 로또에 꼭 당첨된 것처럼 자다가도 깨면 오만 생각에 사로잡혔다.

'그래 내 꿈이 맞을 거야.'

로토에 당첨되어 뉴질랜드 오클랜드 시의 해안가에 멋진 집을 구입하여 산다는 사람 생각도 들었다.

부자는 하늘이 내려 준다고 했던가. 평생 직장생활 한다고 했지만 남은 것이라고는 아파트가 고작이요 어디 숨겨둔 밭뙈기 한 자락 없으니 서민 중에 서민이 아니던가. 같이 퇴직한 친구가 시골에 땅을 사두었다가 개발지가 되면서부터 몇 배로 땅 값이 뛰었다고 희희낙락 하는 것을 보니 일견 부럽기도 하다. 그런데 그 돈이란 놈이 참으로 요상하더라. 갖고 있던 토지가 개발 지역에 포함되면 하루아침에 벼락부자가 되어 거들먹거리는 것을 예사로 볼 수 있으니 말이다.

돈이란 적당히 있을 때 효력을 발휘하는 것 같다. 적당이라는 말이 어느 선까지인지는 모르겠으나, 돈이 많아 그 돈 때문에 곤혹을 치르는 자들도 심심찮게 볼 수 있다. 정당하게 벌어들인 돈은 떳떳하다. 문제는 부정한 방법으로 벌었을 때이다. 자본주의 국가에서 정당하게 벌어들인 돈은 결코 수치가 될 수 없다. 내 이마에 흘린 땀으로 돈을 벌었는데 누가 탓한단 말인가. 그러나 개인이나 기업

이 또는 정치권력이 부정한 방법으로 돈을 벌어들였다면 지탄 받아 마땅하다.

돈과 관련되어 검찰의 수사를 받던 전직 대통령은 자살이라는 극단적 조치를 취하고 말았다. 참으로 안타까운 일이다. 도덕성을 정치적 트레이드 마크로 내세우던 그였기에 쏟아지는 비난을 참고 넘기기엔 힘들었을 것이다. 그가 돈에 대해 얼마만큼 깨끗했는지 더럽혀졌는지는 필부인 나로서는 굳이 알고 싶지 않다. 다만 그의 죽음을 보면서 생각나는 성경 구절이 있다.

'욕심이 잉태한즉 죄를 낳고 죄가 장성한즉 사망을 낳느니라.'

이 욕심은 비단 물질에 대한 것만은 아닐 것이다. 명예에 대한 욕심일 수도 있고 권력에 대한 욕심일 수도 있다. 무엇이든 과욕은 죄를 낳기 마련이고 죄는 결국 육체적이건 정신적이건 사망을 불러올 수 있다.

내게 백억 원 정도 주어진다면 이것저것 하겠다고 언급한 것은 한번 해 본 소리고 실은 내게 그 돈이 주어진다면 교육에 투자해 보고 싶다. 시골에 학교를 한 곳 인수하여 제대로 운영해 보고 싶기 때문이다. 학교 운영비에서 벼룩의 간을 빼어 먹듯 뒷돈이나 수단 방법 가리지 않고 빼내어 먹는 모리배가 아니라 재단에서 운영비를 보태 줄 수 있는 그런 학교 말이다. 그렇게 되면 말도 많은 전교조 교사들도 화목의 대열에 앞장 설 것이고 교사와 학생이 똘똘 뭉쳐 아름다운 학교를 만들어 나갈 수 있을 테지. 많은 돈을 학교에 투입

하지 않아도 된다. 일 년에 한 일억 원 정도만 투입되어도 학교는 살아난다.

그런데 내가 근무했던 정화교육재단이 부도가 났을 때 인수하려는 자들이 순수한 그런 마음으로 임하는 자들이 없던 걸로 기억된다. 모두가 공짜로 학교를 주워 먹으려들었다. 그런 와중에 뜻을 가진 모 인사가 학교를 인수하여 정상궤도에 올려놓음은 참으로 다행한 일이었다.

교육만큼 보람찬 일은 없다. 내게 그런 기회가 주어진다면 현장경험을 살려 멋지게 운영할 수 있으리라 확신한다. 교육이 죽으면 나라가 죽는다. 국가의 미래는 교육에 달려 있다.

발 달린 돈이 지금 어디로 돌아다니고 있는지가 궁금하다. 내게로 달려왔으면 좋겠다. 지역사회가 달라지고 이 나라 교육이 새로 태어날 것인데 말이다.

내게 백억이 있다면, 꿈같은 소리다. 남가일몽이다.

동행

'태산을 넘어 험 곡에 가도 빛 가운데로 걸어가면
주께서 항상 지키시기로 약속한 말씀 변치 않네.'

이것은 기독교 찬송가 중 어떤 곡의 일부다. 왜 내가 서두부터 이 가사를 읊었느냐 하면 이 찬송가가 일평생 나의 삶을 지배해 왔기 때문이다. 살면서 힘든 일을 만나거나 위험에 처할 때가 어디 내게만 있었겠나마는, 그때마다 난 이 노래를 부르며 생의 어려운 고비 고비를 극복하며 살아 왔다. 내 곁에 동행해 주는 보이지 않는 그분의 따뜻한 손길을 의식하면서 걸어온 게다.

살면서 태산 같은 고비를 겪어보지 않은 자가 몇이나 될까마는 그때마다 그분이 언제나 내 곁을 든든히 지켜 주신다는 믿음이 있었기에 오늘의 나의 삶이 있는 것으로 믿는다. 힘든 길을 걸어 갈 때면 늘 나와 동행해 주신다는, 넘어져 무릎에 피가 철철 흐를 때는 따뜻하게 감싸 안아 주신다는 그 믿음 말이다. 서러워 눈물 흘릴 때면 조용히 내 곁에 다가와 흐르는 눈물을 당신의 따뜻한 손으로 훔쳐 주시고, 외로운 참새마냥 떨고 있을 때면 살포시 내 손을 잡아 주신다는 그 믿음이 열 번을 넘어져도 열한 번 일어날 수 있다는 용기와 신념을 내게 주신 것이다.

태산은 무엇인가? 생을 살면서 넘기 힘든 고비가 아니던가. 넘어야 할 그 고비를 넘지 못해 때로는 자기 혼자 생을 끊는 자도 있고 온 가족을 동반하고 생을 마감하는 자도 있다. 통계에 의하면 우리나라 자살자가 연중 만 명을 넘어선다고 한다. 누가 이들로 하여금 그 길을 택하게 했나. 생의 절박한 순간에 그들에게 따뜻한 말동무가 있었다면 그렇게까지는 하지 않았으리라 본다.

현대인은 너 나 구별 없이 고독이란 병에 걸려있다. 자기 주위에 아무도 없다는 사실을 깨닫는 순간 인간은 고독의 덫에 걸려든다. 인간은 꼭 혼자만이 아니라 수많은 군중 속에 살면서도 고독을 느낄 때가 있다고 한다. 고독은 절망과 이웃사촌인가. 고독에 휩싸이면 절망에 빠져 생을 포기하는 자가 많다. 죄수들은 독방에 수감 되는 걸 두려워한다고 한다. 몇 날 며칠이고 말할 상대가 없다는 것,

그것보다 비참함이 있으랴. 노인들이 바라는 것은 가족 간의 대화다. 가족이 없어서 고독을 느끼는 것이 아니라 대화의 단절 속에 고독을 느낀다.

등산을 좋아하는 난 산에 오를 때마다 아슬아슬한 순간들을 맞을 때가 많다. 저 높은 산을 어찌 오르나, 때로는 쳐다보기만 해도 현기증을 느낄 때가 있다. 그 때마다 곁에서 독려해 주는 동료가 있어 힘을 얻고 가파른 산을 오른다. 험난한 바위를 기어오르고 때로는 로프를 타며 스릴을 즐길 수 있는 것도 내 곁에서 힘을 주는 든든한 동료가 있기 때문이다. 아무리 위대한 알피니스트라 해도 동료의 도움 없이 혼자의 힘으로 저 높은 에베레스트 봉은 정복할 수 없으리라.

군을 제대하고 대학에 복학했을 때의 일이다. 마침 시내 교회 성가대 지휘자로 일할 수 있는 기회가 주어졌다. 주일날 아침부터 밤늦게까지 일하고 집에 가려면 여간 힘 드는 일이 아니었다. 교통이 지금처럼 발달되어 있지 못한 때라 대구역까지 시내버스로 나가 하양 가는 버스를 갈아타야 했다. 밤늦은 시간 하양까지 가는 버스는 자주 있는 것도 아니었고, 막차를 타면 밤 열한시 반이 넘어 하양에 도착했다.

통금이 있던 시절이라 부리나케 하양을 빠져나가야 했다. 그리고는 넓은 들판 길을 가로질러 집으로 가야 한다. 그럴 때면 피가 끓는 젊은이였지만 혼자 한밤중에 들판 길을 걷는 것은 섬뜩하기만 했다. 그 때 내가 부른 노래는 처음 소개한 찬송가였다. 이 찬송가를 부르며 들길을 가노라면 무서움도 사라지고 내 곁에 그 분이 동행하고 있다는 믿음이 나를 단단히 붙들어 매어 주셨다.

오 리를 가자 하면 십 리를 동행해 줄 수 있는 자 그가 진정한 생의 동행자다. 생의 마지막 가는 순간 두려움에 버둥대지 않고 즐거이 생을 마감할 수 있게 하는 것도 손잡아 줄 동행자가 있기 때문이다. 나의 아내도 그 길에는 동행자가 될 수 없다. 생의 가장 고독한 그 순간에 손잡아 줄 이는 바로 그분이다. 나에게는 이 동행자가 있어 행복하다.

바리스타

무언가를 배운다는 것은 가슴 설레게 하는 일인가 보다. 새로운 것에 대한 지적 호기심인가. 사춘기 소년도 아닌 이 나이에 무에 그리 설렐 것이 있겠냐마는, 배움은 언제나 신선한 충격을 가져다주니 말이다.

커피는 내 기호식품이 아니다. 현직에 있을 때도 많은 동료들이 커피를 즐겨 마시는 것을 보면서도 마시지 않았다. 어쩌다 출근길에 교무실에 들어설 때면 내리는 원두커피의 향기에 반하여 한 잔 먹어보기는 했지만, 녹차를 우려 마시는 것으로 하루 일과를 시작하고는 했다. 커피를 피하게 된 근본 원인은 카페인 때문이었다. 이

유는 젊은 날부터 염려해 오던 혈압을 혹여나 올리지 않을까 해서였다.

그랬던 것이 지금은 생각이 많이 변했다. 미국 딸네 집에 갔을 때였다. 아침마다 내리는 원두커피를 한 잔씩 얻어 마시다 보니 커피에 대한 생각이 달라졌다. 그렇다고 혈압에 대한 걱정과 위염이나 불면증이 사라진 것도 아닌데도 말이다. 진한 커피가 숭늉처럼 구수하게 느껴져 아침을 먹고 나면 꼭 한 잔씩 마신 거였다. 한 달 동안 머무르며 마시게 된 것이 지금은 일상이 되고 말았다. 커피를 마신다고 아무 커피나 마시는 게 아니다. 자판기나 인스턴트커피는 되도록 피하려 한다. 프림과 설탕을 피하기 위해서다. 근래 알게 된 일이지만 커피가 각성효과는 있지만 아울러 이뇨효과나 강심효과뿐만 아니라 항암작용에다 콜레스테롤 배출 효과까지 있다니 한번 먹어볼 일이다.

미국에서 잠시나마 배어진 습관으로 인해 집에 돌아와서도 원두커피를 마시고 싶었다. 그러나 어떻게 내려야 할지 몰랐다. 그러던 차에 주민자치센터에서 실시하는 문화센터에 홈 바리스타 교육이 있다는 것을 알게 되었다. 신청하려고 보니 인터넷 신청은 이미 끝나버렸다. 하는 수 없어 지정된 날 아침에 서둘러 센터를 찾았다. 많은 사람들이 홀을 메우고 있었다. 신청이 어려울 것 같았다. 그러나 용하게도 한 자리 남아 겨우 등록을 할 수 있었다.

3개월 과정의 첫 수업일이다. 일주일에 한 차례이니 열두 시간이다. 스무 명의 수강신청은 중년의 여성들로 채워졌다. 배움에 대한 열정이 이곳으로 이끌었지만 분위기가 좀 서먹하다. 곧 익숙해지겠지 하고 마음을 다잡았다. 실용 커피 바리스타 교육은 커피를 좋아하고 바리스타에 관심 있는 사람들이 참여할 수 있는 과정이다. 커피에 대한 기본적인 이론과 추출 동작을 익히고 여러 가지 메뉴 제작을 실습을 통하여 체험하며 익히고 배우는 것을 목표로 하고 있다.

업소에서는 머신에 의해 커피를 추출하지만 여기서는 핸드드립이 기본과정이다. 머신에 의한 커피를 기계에 의한 대량생산 제품에 비긴다면 핸드드립에 의한 커피는 정성들여 한 올 한 올 짜 내린 수제품 같은 것이라고도 말할 수 있겠다. 이를 위해 핸드밀과 드립포터에다 드립퍼, 서버, 커피 잔을 새로이 구입하고 모카포터도 구입했다. 핸드드립은 종이필터를 끝부분이 서로 어긋나도록 접은 후 드립퍼에 끼우고 분쇄한 커피를 평평하게 담는 것으로 준비가 이루어진다. 이 때 끓인 물은 섭씨 89도에서 92도 사이가 적당하다. 1차 추출은 뜸 들이기로 커피가 충분히 적셔질 만큼 물을 붓고 이삼 십 초간 기다린다. 이 때 산패한 원두는 부풀어 오르지 않지만 싱싱한 원두는 빵처럼 부풀어 오른다. 그 후 2차 추출을 하면 된다.

커피를 공부하면서 각국마다 생산되는 커피는 각자 특징을 갖고 있다는 사실도 알게 되었다. 예를 들어 케냐 AA커피는 꽃향기가 나고 과테말라 안티과는 구수한 맛이 난다. 커피 원두의 이름도 예멘은 모카, 자메이카는 블루마운틴, 하와이는 코나, 에티오피아는 에 가체프라 부른다. 모카포트를 통하여 에스프레소를 추출한다. 이를 바탕으로 다양한 응용메뉴를 만들 수 있다. 아메리카노, 카페 비엔나, 카페라떼, 카푸치노, 카라멜 마끼아또, 모카치노 등 수많이 응용할 수 있다. 예를 들어 카라멜 마끼아또는 마끼아또란 말 자체가 '점을 찍다, 흔적을 남기다'는 뜻인데 에스프레소에다 카라멜시럽을 넣고 휘핑된 우유거품과 우유 소스데코를 가하면 된다.

요즘은 일어나면 커피를 내리는 것으로 하루를 연다. 핸드드립으로도 하지만 가끔은 모카포트로 에스프레소를 추출하여 카푸치노를 만들기도 한다. 시나몬 가루를 틀에 넣어 우유거품 위에 하트모양이나 스마일 모양을 만들어 주면 좋을 테지만 틀이 없어 그냥 손으로 집어 얹어 준다. 아직은 솜씨가 둔하지만 아내는 내려주는 커피를 맛있다며 즐겨 마신다. 가끔은 아들 내외가 오면 내려서 준다. 시아버지가 며느리에게 대접하는 꼴이다. 그러나 내가 즐거우니 어쩌랴. 배워서 몸에 익히고 이 또한 실행한다면 즐거운 일이 아닐까. 실용바리스타 3급 자격증을 취득했으니 다음은 중급과정을 거쳐 2급 자격증에 도전할까 보다. 그때는 이번에 배우지 못한 아트커피도 만들 수 있을 테지. 이러다가 커피숍을 열게 되는 것은 아닐지 모르겠다.

발을 보며

신을 신는다. 발 놈이 이토록 작은 것을 보니 도둑놈이 될 일도 없을 것 같고 매스컴을 떠들썩거리게 할 만큼 큰일을 저지르기에도 역부족일 것 같다. 사내 발이 솥뚜껑만은 해야 태산을 움직일 텐데 조그만 이 발 가지고는 어림 서푼어치도 없겠다. 하기야 이러니 평생을 개가 똥도 안 먹는다는 선생을 했겠지. 제대로 된 놈이 선생이나 하고 있었겠나.

가끔 클레오파트라의 코가 하는 식으로 만약 발이 지금보다 컸더라면 나는 어떻게 되었을까를 생각해 보고 실소를 금치 못할 때가 있다. 그랬다면 생각의 깊이나 운신의 폭도 지금보다는 훨씬 달라졌겠지. 도둑이 되어도 대도大盜는 되었을 터이고, 한명회같이 세상은 내 손바닥 안에 있노라고 큰소리치며 세상을 쥐락펴락 호령했을지도 모를 일이다. 째째한 선생쯤은 일찌감치 집어치웠을 것이고 세계를 무대로 파바로티는 저리 가라고 설쳐대었을지도 모르지. 그런데 이놈의 발이 이토록 작으니 뭔가를 이루겠나. 발은 인체의 축소판이라는데 축소판이 작으니 사고思考도 작을 수밖에. 사고가 작으니 행동 또한 작았으리라 짐작한다.

처음 교직에 발을 들여놓았을 때는 천직이 될 줄 몰랐다. 그저 몇 년 하다가 다른 무언가를 하겠지 생각했다. 그렇게 생각한 것이 천직이 되고 말 줄이야. 교직 초반에 교직 파동이 있은 것 같다. 많은 교사들이 교단을 떠났다. 박봉에 시달리기에는 청춘이 너무 아깝다고 생각한 모양이다. 택시기사의 수입이 교사의 수입보다 훨씬 많았으니 그곳으로도 많이 간 것으로 기억한다.

요즘도 잘나가는 학원 강사의 수입은 교사보다 훨씬 많다. 그러나 지금은 교직이 안정되어 있고 수입도 어느 선까지는 확보되어 있으므로 인해 움직임이 덜하지만, '80년대 많은 교사들이 학원으로 이직했다. 제대로 똑똑하다 싶은 자들은 이 학원 저 학원으로 불려갔다. 학교에 남아있는 교사들은 인기 없는 자들이거나 별 볼일 없는 자들의 집합체인 것같이 보이기도 했다.

마당발을 참 부러워한다. 사람이 살아가려면 마당발이 되어야 한다. 마당발이란 사회성이 좋다는 얘기다. 내 친구 중 하나는 끼어들지 않는 곳이 없다. 그런데 나는 발이 작아 그런지 마당발이 되지 못했다. 발이 넓어야 친구도 많고, 친구가 많아야 살아가는 정보도 많이 획득할 수 있을 텐데 말이다. 마당발이 되려면 성격도 외향적이어야 할 것 같다. 나같이 소심하고 내향적인 사람들은 거리가 멀다. 나 같은 사람을 일컬어 미화된 말로 가정적이다고 말하지만 좋아 보이지는 않는다.

더군다나 어릴 적부터 기독교 문화에서 자라 온 터라 흔하디흔한 술친구란 아예 없다. 필름이 끊어질 정도로 밤새 술을 마셨다는 친구들을 볼 때면 가끔은 부럽다. 통행금지가 있던 시절의 얘기다. 선배 음악인 중 한 분은 그야말로 주태백이었다. 어느 날 거나하게 취하여 귀가하던 중 단속경찰을 만났단다. 그러자 그 자리에 서서는 팔을 옆으로 쫙 벌리고 "나는 빨래요"라고 했다는 소리를 듣고 파안대소한 적이 있다.

직장도 평생 동안 한 교무실에서만 생활했으니 늘 보던 사람이 그 사람이요 다양한 사람과의 사귐은 있을 수 없었다. 학교와 가정, 교회가 삶의 터전 전부였다.

퇴임 후 여러 분야의 사람들과 사귐을 가질 수 있어 참 좋다. 발이 조금 커지는 느낌이다. 세상을 향하여 마음의 문도 차츰 넓히고 건네주는 술잔을 마시지는 못해도 받아 놓기는 한다. 그러나 아직 노래방 가는 것은 망설여진다. 한 곡도 옳게 아는 곡이 없으니 말이다. 사람들은 음악이 전공이라면 음악에는 만능일 거라고 생각들을 한다. 관광버스에서도 기가 죽기는 마찬가지다. 흔들어 댈 줄도 모르고 마이크 잡고 분위기도 맞출 줄 모르니 맹꽁이로 취급받기 일쑤이다.

수필 활동을 통하여 만나는 모든 사람들은 문학적 기질이 있어서 그런지는 몰라도 내게 신선한 감각을 불러일으킨다. 이들의 직업 또한 다양하다. 소방관, 퇴직공무원, 현직 국가기관 종사자, 시인, 사업가, 교사, 주부 등 각종 직업에 종사하는 사람들이다. 이들로 인해 새 삶을 사는 기분이다. 봄 학기에는 사진반에 들어가 또 그 쪽 분야의 사람들과 사귈 수도 있었다. 사실 사진은 별 예술같이 생각하지 않았는데 알고 보니 내 시각이 잘못되어 있었음을 깨닫게 되었다. 지금 내가 활동한다 해서 일류수필가가 되고 사진작가가 되려는 것은 아니다. 음악과 더불어 자매예술에 대한 이해의 폭을 넓히고 발을 키워 좁은 내 사고의 폭을 넓히려는 것일 뿐이다.

이제 신을 신고 또 하루의 일을 시작하려 한다. 발아, 말없이 충직한 봉사자가 되어 오늘 하루도 나를 섬겨 다오. 너는 나의 영원한 동반자, 너로 인해 오늘의 내가 있음을 감사한다.

불청객

친구는 오랠수록 좋다고 한다. 묵은 된장같이 구수한 냄새를 풍길 수 있는 친구, 속에 있는 무슨 말이고 다 나눌 수 있고 밤새워 얘기해도 싫지 않는 친구, 나를 위해서는 팔 하나라도 확 떼 내어 던져줄 수 있는 그런 친구 말이다. 언제 어디서 만나도 좋고 바라만 보아도 정이 가는 친구, 어제 만났는데 오늘 또 만나도 싫지 않은 그런 사람이 진정 좋은 친구다.

그런데 살다 보면 만나고 싶지 않은 친구를 만날 때도 있다. 보면 볼수록 매력이 넘치고 살가워야만 하는데 말하는 것마다 밉상이고 꼴사나운 친구가 가끔은 있다. 그런 그를 만난다면 기쁨이 아니라 여간 거추장스럽고 괴로운 게 아니다.

내겐 꼭 그와 같이 밉상스런 이가 하나 있다. 청하지도 않았는데 방에 불쑥 찾아와 못살게 군다. 꼬집어보고 때려보며 문전박대를 해보지만 돌아갈 기색을 보이지 않는다. 한 번 찾아왔다 하면 며칠이고 찰거머리처럼 찰싹 달라붙어 떠나려 하지 않으니 여간 불편한 게 아니다. 잘 대해주는 것도 아닌데 좋다고 눌러앉아 버티고 있으니 이를 어찌해야 하나.

이 친구 만나는 것도 이젠 지긋지긋하다. 올 테면 오고 갈 테면 가라는 식으로 관심 밖으로 모른 체해 버리는 게 오히려 마음 편할 텐데 그러지를 못하니 안타깝다.

어젯밤만 해도 그렇다. 이 친구가 찾아오는 바람에 밤새 한바탕 전쟁을 치러야만 했다. 그는 찾지도 않았는데 나보다 한 발짝 먼저 내 방에 와 좌정하고 있었다. 나가라고 붙잡고 씨름하느라 이리 뒤척 저리 뒤척해 보았지만 꿈쩍도 않았다.

얼마나 뒤척였을까. 머리는 멍해야 할 터인데 오히려 눈은 더욱 말똥거리게 만든다. 온몸이 땀에 젖었다. 이불을 걷어찼다. 그리하고 보니 몸이 시원해서 좋다. 모로 누웠다. 이 자세가 평소 자는 자센데 오늘밤은 왜 이럴까. 천장을 바라보고 다시 고쳐 눕는다. 마음속으로 이 친구를 쫓아내기 위해 최면을 건다.

'팔다리가 무겁다. 눈꺼풀은 감기고 심장은 조용히 뛴다. 이제 잠이 온다.'를 속으로 읊조린다. 한참을 그렇게 해 보았지만 이 친구는 저만치에서 나를 비웃고 있다.

아주 고약한 녀석이다. 이번엔 다른 방법을 쓴다. 어릴 적 살던 고향으로 달려간다. 백사장과 수령 오랜 버드나무가 서있던 곳, 맑은 물이 흐르고 송사리, 피라미가 이끼를 끼고 눈 껌벅이던 곳을 눈에 그린다. 구만들 넓은 들엔 벼가 무르익고 코흘리개 사내아이가 어머니 치마폭에 징징대던 모습이 보인다. 그러나 그것도 잠시뿐 마음의 평안을 송두리째 빼앗아 간다. 성경 시편 23편을 낭송한다. '여호와는 나의 목자시니 내게 부족함이 없으리로다. 그가 나를 푸른 풀밭에 누이시며 쉴 만한 물가로 인도하시는도다.' 그리고는 찬송가를 속으로 불러본다. '평화 평화로다 하늘 위에서 내려오네 그 사랑의 물결이 영원토록 내 영혼을 덮으소서.'

밖이 한결 조용해진 걸 보니 무섭게 달리던 차들의 질주도 잦아들었나 보다. 초저녁 몰아치던 바람도 어디로 갔는지 사위가 적막하다. 침상에서 조용히 일어나 건너편 아파트의 창을 살핀다. 몇몇 집 창에 불이 아직도 켜져 있다. 아마 밤을 새우며 공부하는 수험생의 창인가. 아니면 칭얼대는 아기를 잠재우기 위한 여인네의 고운 마음이 녹아내리는 창일까. 나처럼 이 친구와 씨름하다 불 밝혀 놓고 책이라도 보고 있는 것일까.

스르르 창을 열고 밤하늘을 쳐다본다. 구름 사이로 별이 졸고 있다. 초승달은 이미 제 집에 가버린 지 오랜가 보다. 이러다 먼동이 트려나. 서늘한 밤공기가 폐부로 스며든다. 벽시계를 바라보니 두 시가 훌쩍 넘었다. 그렇지만 몰인정한 이 친구는 나를 놓아주려 하지 않는다. 야곱이 얍복강 가에서 천사와 밤새워 씨름하듯 나도 그래야만 하나. 냉장고 문을 열었다. 저지방 우유가 희멀건 눈을 뜨고 바라본다. 머그컵에 한가득 따라 부어 전자레인지에 덥힌다. 따끈한 우유가 위를 덥혀 부드럽게 나를 감싸 안아 주겠지.

베란다에 나가 튼실한 양파 하나를 집었다. 발가벗기고 나니 속살이 부드럽다. 얇게 썰어 쟁반에 받쳐 침실로 갖고 온다. 우유도 마셔 기분이 느긋한 데다 양파까지 침대 머리맡에 놓았으니 이 친구는 이제 조용히 떠나가 주겠지. 한껏 여유를 부리며 마음으로 기다린다.

'어디 할 테면 해보아라.'

난 건강은 그런대로 버티고 있고 집사람도 살아 있으니 천만다행이다. 모아 둔 재산은 많지 않으나 자식에게 손 벌릴 일은 없을 것 같다. 일도 이것저것 하고 있으니 괜찮을 성싶다.

그런데 문제는 늘그막에 잘못 만난 불청객 친구 때문이다. 이젠 그만 조용히 내 곁을 물러나 준다면 금상첨화錦上添花일진대 그렇지를 못하니 안타깝다. 난 가장 부러운 사람은 돈이 많거나 지위가 높은 사람이 아니다. 어디든지 머리만 누이면 잘 수 있고 커피를 사발로 마셔도 잠과는 관계없다는 그런 사람이다.

하나님은 그가 사랑하는 자에게 잠을 주신다 했는데, 난 하나님의 사랑에서 떠난 자인가. 아니면 자고自顧하도록 가시로 주신 것일까.

황진이도 아닌 내가 동짓달 긴긴 밤도 아니요 풍경소리 들리는 성불사도 아닌데 이토록 이 친구와 씨름을 하느라 밤을 지새우고 있다니…….

소통

진공청소기로 집 안을 청소하려던 참이었다. 그런데 청소기는 소리만 요란할 뿐 먼지가 있는데도 빨아들이지를 않는다. 혹여나 먼지 집산봉지가 꽉 차서일까 싶어 새것으로 갈아 끼웠다. 이번에는 빨아들이겠지 하며 갖다 대어 보았지만 허사다. 소리는 요란한데 거친 숨만 헐떡일 뿐이다.

이런 얄궂은 것이 있나 싶어 빨아들이는 대를 분해했다. 대를 빼어내고 전원을 올리자 꽉 막힌 숨통이 터지듯 확 빨아들이는 것이 아닌가. 바로 이게 문제였구나 싶어 빨아들이는 입구를 입에 대고 불어보니 바람이 통하지를 않는다. 입구가 찌꺼기로 막힌 것이다.

원인을 발견했는데 ㄱ자로 꺾어진 입구를 무엇으로 뚫는단 말인가.

궁하면 통한다더니 지하철에서 산 것이 생각났다. 세면대가 막히면 뚫을 수 있다 해서 사다놓은 것인데 한번 사용해 보기로 했다. 톱니처럼 생긴 것을 억지로 밀어 넣어 몇 번을 왕복하자 머리카락과 더불어 먼지 찌꺼기가 주먹만큼이나 빠져나온다. 문제는 바로 이것이었다. 찌꺼기가 입구를 막고 있으니 빨아들일 수 없었던 게다. 군대 총기 분해결합 시 읊조리던 '조립은 분해의 역순이다.' 를 속으로 주문처럼 외우며 맞추어나 갔다. 전원을 켜자 헐떡이던 소리가 조용해졌다. 십리 밖 먼지도 일순에 빨아들인다.

요즘 우리 사회의 최대 화두는 소통이다. 개인이나 가정, 사회도 소통이 안 된다고 야단이니 이놈의 소통은 고칠 수 있는 묘약은 없는 걸까. 정치판도 마찬가지다. 여야 간 서로가 소통이 안 된다고 아우성이고 대통령을 향하여 마음의 문을 열라고 윽박질이다. 소통 부재의 원인을 자기에게서 찾으려는 사람은 없는 것 같다. 모두가 자기는 마음 문을 열고 있는데 상대방이 닫고 있다고 불평불만이다. 서로 상대를 향한 삿대질만 한다. 상대의 작은 허물을 과대 포장하여 바라만 보고 있으니 이해 될 리 없다. 그저 꽉 막힌 진공청소기 같다. 우리 사회가 너무 답답하기만 하다.

소통이 되지 않는 것은 서로가 사랑하지 않기 때문이다. 불신만이 가득 차 있다. 조금만 건드리면 볼멘 목소리가 튀어나온다. 웃음은 사라지고 이마 위에는 내천川자가 버젓이 자리를 잡고 있다. 이러고는 소통이 이루어질 리가 없다. 소통이 되지 않는 개인이나 가정, 사회는 희망이 없다. 희망이 없으면 절망이 오고 절망은 곧 죽음에 이르는 병이 된다. 성서에서 말하기를, 사랑은 모든 허물을 덮는다고 했다. 사랑은 오래 참고 온유하다. 시기나 자랑, 교만하지도 않는다. 무례히 행하지 않을 뿐 아니라 자기의 유익을 구하지도 않는다. 모든 것을 참으며, 믿으며, 바라며, 견디는 것이 바로 사랑이라 했다. 사랑만 있으면 모든 허물을 용서할 수 있는 힘이 생긴다. 일곱 번을 일흔 번이라도 용서할 수 있다. 그럴 수만 있다면 화해가 이루어지고 소통은 자연스레 이루어진다.

소통의 부재는 사람과 사람 사이뿐만 아니라 조물주와의 사이에도 일어날 수 있다. 옛적 이스라엘 민족은 하나님과 소통이 이루어지지 못했을 때 끔찍한 일들을 당한 것을 볼 수 있다. 홍수로 세상이 멸하는가 하면 무서운 재앙과 전쟁의 피비린내가 끊이지 않을 때도 있었다. 하나님과의 소통이 이루어질 때는 전쟁에 나가서도 백전백승을 거두었지만 그러지 못했을 때는 백전백패를 했었다. 심지어 열두 부족 중 한 부족이 멸망당하는 일도 일어났었다. 택한 백성 이스라엘과 하나님 사이 소통을 가로막은 것은 우상이었다. 나 외에 다른 신을 두지 말라는 제1계명을 어김으로 인해 엄청난 불행을 겪게 된 것이다.

난 하나님과 소통이 이루어지지 못할 때면 영성에 문제가 있을 때임을 알게 된다. 이의 해결을 위해 늘 기도로 생활하고자 힘쓴다.

인간이 하나님과 소통을 할 수 있는 길은 기도뿐이기 때문이다. 기도를 하다 보면 잘 될 때도 있지만 전연 되지 않을 때도 있다. 성경은 하나님과 기도의 소통이 이루어지지 않을 때를 가리켜 죄의 담이 가로막고 있을 때라고 말한다. 즉 죄가 하나님과 우리 사이를 가로막고 있으면 기도의 소통이 이루어질 수가 없다. 꼭 진공청소기의 빨대가 막힌 현상과 같다. 이럴 때는 조용히 무릎 꿇고 나를 성찰한다. 그러다 보면 하나님 앞에서의 못난 실존을 깨닫게 되고 실타래처럼 얽힌 죄를 파헤치게 된다.

그땐 회개의 눈물이 흐르게 되고 나 같은 죄인 살리려 십자가 지신 주님의 은총에 감복한다. 입에서는 저절로 회개의 기도가 흘러나온다. 하나님과 나 사이 죄의 담이 무너지고 소통이 열리는 순간이다. 기도의 소통은 회개 이후에 주어지는 영적 선물이다.

기도하지 않고 살 수 있다는 사람은 용감한 사람이다. 그런 사람의 용감이 무지에서 오는 것인지 유식에서 오는 것인지는 모르겠다. 무신론자였던 이어령 교수는 딸이 불치의 병에 걸렸다 하나님의 능력으로 치유되는 걸 보고 하나님 앞에 자기의 무지를 깨닫고 회개의 무릎을 꿇었다. 그 후 그가 쓴 책이 『지성에서 영성으로』다.

지성은 하나님과의 소통을 이루지 못한다. 영성을 깨닫는 자만이 하나님과의 소통을 이루어 낼 수 있다.

신 삼복新三福의 삶

신 오복新 五福이란 게 있다. 건, 처, 재, 사, 우健妻財事友란다. 이중에 나더러 꼭 세 가지를 꼽으라면 건, 처, 재를 들겠다. 늙기도 서러운데 몸과 마음마저 건강치 못하다면 어떻게 노년의 길을 걸어갈 수 있겠는가. 건강을 잃으면 모든 것 다 잃어버린다. 거기다 배우자와 재물조차 없다면……. 생각만 해도 끔찍한 일이다. 그 위에 적당한 일과 친구가 있다면 금상첨화다.

건강을 지키기 위해 한때는 테니스를 열심히 쳤다. 그러나 허리병을 얻은 이후로 과격한 운동은 삼가는 것이 좋겠다는 지인의 권유로 그만두었다. 대신 지금은 틈만 나면 걷는다. 걷기는 몸에 무리

주지 않아 좋다. 집을 나서면 야트막한 야산이 펼쳐져 있다. 가끔은 팔공산도 가지만 이 산은 높지 않아 나에게는 안성맞춤이다. 남부 정류장에서 시작하여 두리봉을 거쳐 쉬엄쉬엄 걷다 보면 운곡사에 다다른다. 거기까지 가는 데는 한 시간가량 걸린다. 새소리와 바람 소리는 친구다. 어젯밤에 겪었던 일을 죄다 얘기해 준다. 그들의 이야기를 듣다 보면 물아物我가 일체되어 시간 가는 줄 모른다. 길을 걸으며 나무와 대화도 한다. 그 중에 팽나무, 감태나무, 말채나무와는 더 그러하다.

산길은 인생길이다. 오르막과 내리막이 있다. 사람이 한평생 살다 보면 수많은 우여곡절을 겪게 된다. 때로는 기쁨에 젖어 환희를 부를 때가 있나 하면 슬픔과 실의에 빠져 흐느낄 때도 있다. 산은 그저 산일 뿐이지만 그 속엔 무한한 인생의 진리가 있다. 그것을 깨치지 못한다면 어리석은 사람이다. 그래서 현자賢者는 산을 좋아한다고 말한 것 같다. 건강을 챙길 뿐만 아니라 인생도 깨달으니 이보다 좋을 수가…….

어저께는 친구와 같이 그 길을 걸었다. 봄 햇살이 도타웠다. 개나리는 병아리 입같이 꽃잎을 벌리고 있었다. 두리봉 골짜기에 진달래는 아직 몸치장을 다 하지 않은 상태인가 보다. 필 기색이 없다. 쥐똥나무는 여린 순을 내밀었다. 딱따구리가 나무를 쪼아대는 소리가 골 안에 맴돈다. 봄기운이 이 골짜기에 더욱 내려쬐는 날 종달새는 신나게 노래 부르겠지. 인기척에 모이를 찾던 꿩이 놀라 푸드덕 날아오른다.

아내가 명예퇴임 전에 종합건강검진을 했다. 모든 것은 정상인데 혈액종합검사에서 간암수치가 높게 나왔다. 내가 전에 혈액검사 했을 때 췌장암 수치가 높게 나왔으나 재검사에서 이상 없었다는 것을 설명하며 안심시켰다. 그러나 한편으로는 불안한 생각이 들었다. 밤을 새우기 바쁘게 CT촬영을 하러 갔다. 촬영실을 들어가는 아내의 뒷모습이 측은하게 느껴졌다. 지금껏 고생한 아내가 만에 하나 이상이 있다면 어이하나 해서다. 순간 나를 돌아본다. 이 나이에 상처를 한다면 화장실에 들어가 웃을 수도 없는 노릇이다. 친구 하나는 부인이 간암으로 세상을 뜨자 쓸쓸히 지내고 있다. 만날 때마다 혼자 밥 먹는 것이 제일 힘든다고 하소연이다.

검사결과를 받아 쥔 아내의 표정이 밝다. CT상으로는 이상이 없다는 소견이 나왔단다. 그렇지만 먹는 모든 약을 끊고 한 달 후에 혈액검사를 다시 해보라고 하더란다. 그 후 아내는 각종 먹던 약을 끊었다. 한 달이 지나 검사를 다시 받았다. 수치가 정상이란다. 돌아보면 인간이란 질그릇같이 깨어질 수밖에 없는 연약한 존재인가 보다.

공직자 재산 등록을 보니 수조 원에서 수억까지 천차만별이다. 돈이 많은 사람은 좋겠다. 자기가 하고 싶은 것 다 하고 살 수 있으니 무엇이 부러우랴. 그러나 난 가진 게 별로 없다. 가난한 집에서 태어나 평생 아이들 가르치는 일만 천직으로 알고 살아 왔으니 말이다. 그렇지만 많은 것을 가진 사람들을 부러워하지 않는다. 성경에 말하기를 '노동자는 먹는 것이 많든지 적든지 잠을 달게 자거니와 부자는 그 부요함 때문에 자지 못하느니라.'고 했다. 돈 때문에 자지 못한다면 그것은 불행의 씨앗이다. 많은 돈은 아니지만 매달 25일은 연금이 입금된다. 부부가 아껴 생활하면 지낼 만하다. 번듯한 곳에 가서 마음 놓고 외식 한 번 하기가 힘겹고, 가고 싶은 곳 다 갈 수 없지만 이만하면 될 듯싶다. 자식들도 결혼하여 제 앞가림하고 살고 있으니 좋고 그들에게 손 벌릴 일이 없으니 더욱 그러하다. 노년에 자식들이 주는 생활비로 근근이 생활한다면 얼마나 힘이 들까.

찬란한 오월이 오면 설악산을 한번 다녀와야겠다. 아내가 학창시절 수학여행 후 한 번도 가보지 못했다니 지금껏 내가 뭘 했는지 모르겠다. 케이블카를 타고 권금성에 올라 내설악을 바라보고 비선대며 울산바위 길을 걷다 보면 건강은 물론 부부의 정도 깊어지겠지. 낙산사 의상대에 앉아 드넓은 동해를 조망하고 내려와 해안가에서 회를 한 접시 곁들이면 이것이 진정 폭포처럼 일한 후에 호수처럼 조용히 누리는 新 三福의 삶이 아닐까.

아파트

아파트는 현대판 섬이다.

섬은 육지와의 단절이다. 이웃과의 관계가 단절되었으니 섬이 아니고 무엇이랴. 보길도에 유배 간 윤선도에게는 그나마 이웃이라도 있었을 게다. 아파트는 옆집에 누가 사는지 위, 아랫집에 무슨 일이 벌어지고 있는지 관심조차 없다. 문을 닫고 들어가면 그만이다. 이웃이 없으니 고독한 섬이 아니고 무엇이랴. 혼사가 있어도 그만, 초상이 나도 알 수가 없다. 누가 언제 이사를 갔는지, 왔는지 알지를 못한다. 간혹 엘리베이트에서 얼굴을 마주쳐도 쑥스런 눈웃음 한 번이면 그것으로 끝이다.

그러기에 나만 있고 남은 없다. 이웃과의 소통이 없으니 별별 일이 다 일어난다. 한번은 출근길에 만난 바로 아랫집 사람이 나더러 집에 개를 키우느냐고 물었다. 난 키우지 않는다고 대답을 했다. 애완동물은 별로 좋아하지 않는 터라 집 안에 개를 키우는 자체가 난 싫은 사람이다. 단독주택에 살 때 개를 밖에 한 번 키워 봤는데 그게 보통일이 아니었다. 배설물을 치우는 것이 문제였다. 일일이 담아 쓰레기통에 버리는 것도 거추장스러웠다. 여름에는 파리도 들끓고 거기다 비라도 오는 날이면 비릿한 냄새가 역겨웠다. 이웃과의 관계도 문제였다. 한밤중에 짖기라도 하는 날이면 이웃이 잠에서 깰까 봐 여간 신경 쓰이는 것이 아니었다.

그런데 며칠 후 출근길에 만나 또다시 개를 키우느냐고 물었다. 안 키운다고 단호하게 말하며 왜 그러느냐고 물으니 밤에 개 짖는 소리가 들린다는 것이다. 그러면서 하는 말이 개소리가 우리 집에서 난다는 것이다. 기가 찰 노릇이었지만 젊은 사람에게 더 이상 말을 하기도 싫어서 그날은 그렇게 헤어졌다.

그로부터 몇 날이 지났을까 어느 날 밤 현관 초인종이 울린다. 나가 봤더니 아래층 부부다. 또 개소리가 난다는 것이었다. 난 정색을 하고 내 인격을 걸고 말하지만 개는 키우지 않는다고 답을 하고 돌려보냈다.

그로서 끝이 났으면 다행이려니와 며칠 후 밤이 늦어 자려는데 또 초인종이 울렸다. 아래층 사람들이다. 이번엔 아예 경찰관 두 명을 대동하고 찾아왔다. 경찰은 신고가 왔으니 어쩔 수 없이 같이 온 모양이었다. 경찰관은 집안을 수색할 영장도 갖고 오지 않았으니 집 안으로 들어오려 하지 않았다. 억지로 내가 들어오도록 권유하여 경찰관은 거실에 서 있고 그들 부부와 아들이 들어와서는 온 집 안을 쥐 잡듯 뒤졌다. 난 그들에게 샅샅이 뒤지라고 했다. 그들은 장롱까지 열어보고 확인한다고 야단들이었다. 화가 머리끝까지 치밀었지만 참았다. '이것까지 참아라.'는 예수의 말이 생각났음에서일까. 지켜보던 경찰관도 어이가 없어서 하는 말이 개는 어디에 숨겼더라도 낑낑대는 소리가 난다며 이 집에는 없다고 분명히 말을 했다. 온갖 소란을 다 피우더니 종래는 미안하다는 말 한마디 없이 휑하니 집을 나가버렸다.

그들이 돌아가자 그들에 대한 원망보다 나 자신에 대한 회의감과 모멸감이 전신을 감싸왔다. 지금까지 살아 온 삶이 도대체 무엇이었느냐 하는 것에 대한 것이었다. 돌이켜 보면 난 나라는 섬의 노예였다. 자신만의 보호막 속에 나를 가두어 둔 것이다. 남에게 해를 끼치지 않으면 그게 전부인 양 살아 온 게 화근이었나 보다. 이웃을 보았어야 했다. 이웃의 얼굴이 곧 내 얼굴인 것을 알지 못했던 것이다. 내 얼굴과 말이 이웃에게 신뢰를 심어줄 수 없었다면 난 실패한 인생을 살아 온 게 분명하다. 누군가 불혹이면 자기의 얼굴에 책임을 져야 한다고 말하지 않았던가.

아파트에 살면서 시골 살 때의 훈훈한 인정을 그리워함은 지나친 욕심일까. 아파트 문화란 어찌 보면 고독한 군상들이 저마다 섬을 갖고 외롭게 사는 거나 다를 바 없다. 우리는 예부터 이웃사촌이라 했는데 아파트는 이 문화를 잠식하고 말았다. 삽짝 열고 나가면 만나던 그리운 얼굴들이 없다. 누구네 집에는 무슨 일이 있었고, 그 집에는 숟가락이 몇 개다 할 정도로 마음 터놓고 살던 곳이 이웃이 아니었던가. 복동이가 감기라도 걸리는 날이면 자기가 걸린 듯 아파하던 것이 이웃이었다. 이웃의 아픔이 곧 자기의 아픔이었고 이웃의 기쁨이 자기의 기쁨이었다.

닭장 같은 아파트에서는 이웃이 사라지고 말았다. 이웃 간의 정이란 허울 좋은 개살구에 불과하다. 마음과 마음의 가교가 사라진 이곳은 고독한 섬과 다를 바 없다. 이 섬을 탈출하여야 한다. 그래야 내가 살고 이웃이 산다. 그래서 생각한 것이 먼저 인사하기다. 아이 어른 구분 없이 먼저 인사하기를 시도 중이다. 조금이라도 마음의 소통을 트기 위함에서다. 그러자 무뚝뚝하던 얼굴들이 점차 펴지는 것 같고 너와 나 사이에 꽉 막힌 숨통이 조금은 트이는 것 같다.

이웃 간의 소통을 위하여 내가 살고 있는 아파트엔 주말 산악회가 근래 만들어졌다. 주말마다 뜻있는 사람들끼리 남녀가 만나 산행을 즐긴다. 그러다 보니 생소했던 이웃들을 하나 둘 알게 되어 퍽이나 다행이다. 누구네는 병원에 입원해 있고 누구네 모친은 치매로 식구들이 감당하기 힘에 겨워 한다는 것도 알게 되었다.

전통사회의 다정다감했던 이웃문화가 그립다. 그냥 스침의 문화가 아니라 마음과 마음이 맞닿는 만남의 문화 말이다. 그렇게 되면 개 짖는 소리쯤이야 아름다운 음악으로 들릴 수도 있겠지. 아파트 현관문도 활짝 열어 젖혀 놓고 이웃과의 소통을 이룰 수 있을 테고.

관리사무소에서 전달하는 목소리가 차갑게 들린다.

"요즘 단지 내에 도둑들이 설치고 있으니 각 세대는 문단속을 철저히 하시기 바랍니다."

옷과 수필

수필은 내게 있어 옷과 같다. 옷이 벌거숭이 내 몸을 감싸 나를 보호해 준다면 수필은 가난한 내 영혼을 감싸 안고 보담아 준다. 내 몸에 맞고 보기 좋은 옷을 입었을 때의 짜릿한 쾌감처럼 마음 우러나온 한 줄의 글이 써질 때는 하늘에 떠다니는 구름이 된 듯한 느낌이 든다.

봄바람에 하느작거리는 여인의 치맛자락을 보아왔을 게다. 수양버들같이 휘어진 허리를 감싸 안은 자태는 뭇 사내들의 시선을 한 몸에 받는다. 한 마리 나비 같고 깃털 세운 공작 같다. 노출의 시대를 맞아 온몸 훤히 드러내고 다니는 팔등신 여성들의 육체미도 시선을 끌지만, 몸에 찰싹 달라붙은 여인의 옷에서 풍기는 선정미가 더 시각을 자극한다. 얇게 감추어진 매력이 겉으로 다 드러난 모습보다 더한 매력을 발휘하는 것 같다.

내게는 수필의 맛도 그렇다. 수필은 소설같이 굽이굽이 이야기가 전개되지 않아 좋다. 치닫는 극적 긴장감에 가슴앓이 하면서 읽을 필요가 없다. 시같이 상큼한 맛이나 톡 쏘는 겨자 같은 매력은 부족하다 할지라도 솔직 담백함이 있어 좋다. 인심 좋은 옆집 아저씨 같고 오래 묵은 장아찌 같다. 언제 어느 때나 말을 걸어도 들어줄 것 같고 내 고민을 몸소 떠안고 살갑게 도닥거려 줄 것 같다. 소설은 독자로 하여금 웃고 울게 만드는 데 비해 수필은 고개만 끄덕이게 할 뿐이다. 손에 땀을 쥐며 극적 반전을 기다릴 것도 없다. 시나 소설은 도회의 성장한 여인과 같다면 수필은 시골 아낙의 맨 얼굴 같고 봄바람에 치맛자락 흩날리는 여인과 같다. 알게 모르게 기초화장만 살짝 한 순수함 그 자체다. 언어의 옷을 걸치지만 수다스럽지가 않다. 화려한 미사여구보다는 수더분하고 진실된 삶의 한 마디가 독자의 심금을 울린다.

옷은 나를 보호하여 준다. 추울 때는 추위로부터 나를 보호해 주고 더울 때는 더위로부터 나를 지켜준다. 옷은 나의 부끄러운 데를 가려주어 원초적 본능을 잠재운다. 만약에 옷이 없다면 어떻게 되었을까. 원시사회도 아닌 문명사회에서 옷을 벗고 생활한다는 것을 한 번 상상해 보라. 지구 어딘가에는 나체촌도 있다고 하지만 옷을 일이 못된다. 모두가 짐승으로 돌아가 본능의 삶만 살 것이다. 유치원에서의 일이다. 부모를 그려보라 했더니 벌거벗은 부모의 모습을 그렸더란다. 알고 보니 그 부모는 집 안에서 항상 벌거벗고 다니기 때문이라나. 아이가 본 것은 벌거벗은 부모의 모습뿐이었으니까 어이 하랴.

나는 수필을 쓰는 것이 행복하다. 수필은 삶의 표현수단이다. 친구들은 왜 수필을 쓰느냐고 묻는다. 수필이 좋아 수필을 쓴다. 수필은 산만한 삶을 하나로 정리해주고 불필요한 것들을 골라내어 버리게 한다. 과거의 아픈 상처나 기억도 나를 재생시키는 훌륭한 수단이다. 수필을 쓰면서 급한 성격이 많이 진정된 것을 알게 된다. 한 번 생각으로 그칠 것을 두 번 생각하는 여유로움도 갖게 되었다. 단편적이고 직선적, 충동적, 본능적 사고에서 벗어나 삶을 느긋하게 관조하는 버릇을 기르려 노력한다. 눈을 뜨면 옷을 입듯이 수필을 쓴다는 것은 삶의 일부분이 되어버렸다. 옷이 나를 보호해 주는 수단이라면 수필은 나를 나타내는 수단이다. 그것도 홀라당 모두를 벗게 하는 것이 아니라 가릴 만큼 가리고 적당한 선에서 나를 나타내게 해주니 이보다 좋을 수가 있겠나. 이 묘미가 있기에 오늘도 푹 빠져든다.

옷은 인격이다. 어떤 옷을 입느냐에 따라 그 사람의 품격이 달라 보인다. 고관대작도 거지 옷을 입히면 거지로밖에 보이지 않는다. 화려한 옷만을 말하는 것이 아니다. 계절에 따라 갖춰 입고 분위기에 따라 맞춰 입을 줄 알아야 한다. 양복을 입어야 할 자리에는 양복을 입어야 하고 한복을 입어야 할 곳에는 한복을 입어야 한다. 아무리 내 편리대로 옷을 입는다 해도 옷은 상대방을 고려해야 한다. 대통령을 면담하러 간다고 하자. 일하면서 입던 옷을 그냥 입고 갈 수는 없다. 기울 곳이 있으면 깁고 세탁을 해야 할 것 같으면 깨끗이 빨아 입고 가는 것이 상대에 대한 배려가 아니겠는가. 우리나라 교회는 그렇지 않은 경우가 많은데 유럽 교회를 가보면 주일날은 최상의 옷을 입고 교회에 출석하는 것을 볼 수 있다. 여성들은 화려한 모자를 쓰고 우아한 자태를 뽐낸다. 등산을 하다 보면 사찰을 지날 때가 많다. 부처님께 참배를 드리는 것은 좋은데 아무렇게나 갖춰 입고 땀에 찌든 옷으로 참배하는 것은 좋아 보이지 않는다. 옛 우리 조상들은 치성을 드리려면 찬물에 목욕하고 깨끗이 의상을 갖춘 후 드렸다.

수필을 쓰는 것도 마찬가지일 것이다. 글은 인격이다. 글 속에 작가의 삶의 철학이 담겨 있어 은연중에 자신을 내비친다. 베토벤은 생애 오페라를 한 작품만 작곡했다. 그의 오페라 「피델리오」에서는 정절을 지키는 여인을 그리고 있어 베토벤의 여성관이 그러했으리라 말을 한다. 그에 비해 모차르트는 여자들을 농락하는 바람둥이들 이야기를 오페라로 쓰고 있어 그의 여성관이 여자들을 경멸했으리라고 짐작한다. 수필이 작가가 임의하는 대로 쓰는 글이라 해도 그 속에는 글쓴이의 정신이 묻어있다. 읽는 독자를 생각지 않고 내 기분 나는 대로 쓸 수는 없을 것 같다. 적당히 형식도 갖추어야 하고 내용도 적절히 구사되어야만 한다. 수필의 품격이 곧 내 인격의 품격이 아닌가 생각한다.

옷이 나의 겉모습을 나타내어 주는 수단이라면 수필은 나의 내면을 표현해 주는 수단이다. 옷을 입을 때 무슨 옷을 입을까를 신경 쓰듯이 수필을 쓸 때 어떤 언어들을 어떻게 표출할까를 고심한다. 문학적 표현과 언어를 구사해야 하고 철학적 사색을 곁들여 사물을 형상화 시키려니, 출근 전 옷 고르느라 여념이 없는 아내가 이해된다.

촌놈 인생

엄마야 누나야 강변 살자
뜰에는 반짝이는 금모래 빛
뒷문 밖에는 갈잎의 노래
엄마야 누나야 강변 살자.

모임에서 노래를 부르라 하면 괴롭다. 분위기 상 가곡을 부르기에는 어색하고, 그렇다고 마땅히 부를 가요가 없으니 그런 게다. 그럴 때 내가 대충 부를 수 있는 곡이 바로 이 곡이다. 동요이지만 김소월의 시라 그런대로 괜찮은 것 같다. 애상을 띤 이 노래가 내 마음의 노래인지도 모른다.

내가 태어난 곳은 와촌면瓦村面 시천리匙川里다. 村자와 川자가 대문처럼 붙어 있으니 피하려야 피할 수 없는 촌놈이다. 어릴 적 본 기억으로는 와촌에는 기와굴이 있었다. 능성재로 가다 갓바위 삼거리 길 근처였다. 그곳에는 붉은 흙이 나와 기와를 굽기에 적합했던 것 같다. 그러기에 瓦자가 붙은 모양이다. 동리는 청통천이 휘돌아 나가는 곳이다. 들을 낀 동네가 숟가락 모양을 닮았다 해서 이름이 숟가락 시匙자를 쓴 건지, 아니면 옛날 숟가락을 만든 동리여서 그렇게 붙여진지는 모르겠다. 여하튼 어릴 적에 본 기억으로는 주물공장의 흔적이 없었으니 전자가 맞을 것도 같다. 외부 사람들은 마을 이름을 '시'자를 '제'자로 잘못 알고 제천리라 부르는 경우도 많았다. 살던 집은 문만 열고 나가면 금빛 모래밭이요, 천변에는 가는 갈대가 듬성듬성 나있어 바람에 서걱이던 곳이다. 밤에는 그곳에서 짐승이라도 튀어 나올 것 같아 오금이 저리곤 했다. 여름날 저녁 멍석에 누워 엄마의 젖을 만지며 은하수를 바라보고, 흐르는 별똥별을 쫓아 꿈을 꾸던 어린 시절이었다.

위로 두 누나는 어릴 적 시집가 버렸고 여섯 살 위인 막내누나와 같이 살았다. 그 누나와 모래밭에서 물새알을 줍던 일이며, 모래무지를 잡아 모래 위에 말리어 저녁에 집으로 가지고 오던 일이 눈에 선하다. 들일 나갔던 엄마가 늦게 돌아오면 누나와 같이 수제비를 뜨고 호박잎을 따다 된장을 끓여 저녁상을 장만하곤 했었다.

먹는 음식만 해도 그렇다. 어릴 때 먹던 음식이 몸에 배어 그런지 촌 음식만 고집한다. 동지가 되면 팥죽을 먹어야 하고 가을이면 호박죽을 끓여 먹는다. 생일이 되면 어머니가 해 주시던 찰밥이 그리워 꼭 그것을 먹어야 한다. 올해는 큰딸 내외와 아들 부부가 와서 근사하게 생일상을 차려 주었지만 찰밥이 빠져 생일상을 받은 것 같지 않다. 갈비에 고깃국이 그립기보다는 된장냄새 구수한 시래깃국을 그리워하는 이런 나의 모습에 도시에서 자란 아내는 이해가 되지 않는단다.

어린 시절의 추억이 촌놈으로 살아가게 하는 건가. 고향을 떠나온 지도 벌써 반백년이 다가오건만 여전히 그 정신에서 헤어나지 못하게 하나 보다. 도시에 살면서도 될 수 있으면 고향의 정서를 느끼고자 하는 것을 보면 그렇다.

내가 촌놈인 것은 살고 있는 동네만 보더라도 더욱 그러하다. 상동에 살 때는 신천 변에 살았다. 아무래도 고향 강물이 그리워서 그러했을 게다. 그러다 만촌동으로 이사를 했다. 아파트가 산 속에 들어가 있어 이름 그대로 산장 같은 곳이었다. 여름날 문만 열면 개구리 소리가 들리고 뻐꾹새며 소쩍새 울음소리가 구슬펐다. 그러다 집 앞으로 대로가 나기에 소리가 시끄러울 것 같아 이사를 가게 되었다. 간다는 게 하고 많은 곳 다 두고 비행기 소리 요란한 방촌동으로 가게 될 줄이야. 그렇지만 고향을 돌아오는 물이 합쳐진 금호강이 옆에 있어 너무나 좋았다. 생명의 강이 옆에 흐르고 있으니 그

깟 비행기 소리쯤은 문제될 것이 없었다. 방촌생활 10년을 접고 이사를 한다는 게 다시금 만촌동으로 오고 말았다. 그러기에 村자는 내게 숙명인가 보다. 외가도 압량면 신촌리인 것을 보면 더욱 그러하다.

그러나 村자가 붙어 슬프거나 부끄럽지가 않다. 투박한 사투리에 어눈하지만 촌놈으로 산다는 게 내 운명인지도 모르니까…….

횡경막 이상의 인간, 횡경막 이하의 인간.

횡경막 이상의 인간, 횡경막 이하의 인간이란 무엇이란 말인가? 고등학교 시절 책 속에서 이 글을 읽으면서 받은 충격은 대단했다. 그러기에 평생을 살아오면서 뇌리에 깊이 각인되어 있나 보다. 알 듯 모를 듯한 이 말에 밤을 뒤척인 적이 있다. 횡경막이란 사전적 풀이는 별 의미가 없다. 사전에서는 흉강과 복강을 나누는 근육성의 막이라 말하고 있다.

해부학적으로 살펴보면 횡경막 이상에는 고등정신을 관장하는 뇌가 있고, 이하에는 소화, 배설, 생식기관이 있다.

이것을 놓고 보면 횡경막 이상의 인간이란 정신적 가치의 삶을 추구하고자 하는 형이상학적 사람이요, 횡경막 이하의 인간이란 생물적 본능 위주의 삶을 추구하는 형이하학적인 사람인 것을 세월이 한참이나 흐른 후에야 깨닫게 되었다. 사랑을 하더라도 횡경막 이상의 인간은 소위 플라토닉 러브를 추구하는 자요, 이하의 인간은 육체적 쾌락추구를 목적으로 하는 자들이다. 그러면 어느 것이 삶의 우위에 있어야 하느냐는 개인의 취향과 생의 목적에 따라 다르게 된다. 우리 사회는 이와 같이 정신적 만족을 추구하는 형이상학적인 자들이 있는 반면 철저히 물질 추구에만 혈안이 된 형이하학적인 자들도 있다. 사랑도 고상한 정신적 사랑을 우위에 두는 자가 있는 반면 쾌락적 사랑에만 심취하는 자도 있다.

내가 읽은 소설은 순애보이다. 이 소설이 추구하는 사랑이란 플라토닉 러브다. 작가인 박계주는 「순애보」에서 기독교적 사랑을 말하고 있다. 이기적 사랑이 아닌 아가페적 사랑을 주창하고 싶었던 게다. 줄거리는 대체적으로 잊어버렸지만 마지막 부분이 희미하게 기억에 남아 있다.

주인공이 사랑하는 여인의 집에 들렀을 때 여인을 죽인 살인강도가 뛰쳐나오면서 휘두른 전구에 눈을 상실하는 것으로 기억된다. 살인강도로 누명을 쓰고 주인공은 죽게 된다. 죽음 직전에 그가 부른 찬송가 '후일에 생명 끝일 때'는 너무나 감동적이어서 교회에서 부르고 또 부른 기억이 있다. 하도 오래된 일이라 내 기억이 잘못된 건지 모르겠다.

횡경막 이상의 사랑과 횡경막 이하의 사랑을 굳이 사랑 한 곳에만 국한시킬 것이 아니라 삶의 전반적 모습에 대비시켜 보고 싶다. 이를 두고 에릭 프롬의 말을 빌리면 존재적 삶이냐 소유적 삶이냐가 되겠고, 법정의 말을 빌리면 무소유냐 소유냐가 되겠다.

예수는 이를 가리켜 삶의 목적을 하늘에 두라고 하셨다. 즉 위엣 것을 바라보고 아랫것을 사모치마라 하셨다. 프롬이나 법정, 예수가 말한 이러한 것들은 한마디로 요약하면 인간의 삶의 궁극적 목적은 횡경막 이상이 되어야 한다는 거다.

그러면 나의 삶은 궁극적으로 무엇을 추구했었나. 고백하기가 두려워진다. 정신적으로는 위엣 것을 추구하며 살아오는 것 같지만 반면 육체적으로는 무엇을 입을까, 무엇을 먹을까에 매달려 처절히 소유적 삶을 살아 온 것을 고백하지 않을 수 없다. 아파트도 평수 넓히기에만 급급했고 사랑도 플라토닉 러브를 주창하는 것 같으면서도 쾌락적 사랑에 심취하여 왔음을 부인할 수 없다. 때문에 엄청난 사회적 이슈가 홍수처럼 밀려올 때도 시원하게 돌팔매질을 할 수 없다. 내 속에 있는 그 무언가가 나를 자유롭게 하지 못하게 하기 때문이다. 나도 남들이 가는 길을 그대로 따라왔고 남들이 추구하는 가치를 최고의 가치로 치부하고 살아왔다. 우리는 횡경막 이상의 삶을 추구하는 것 같지만 실제적으로는 횡경막 이하의 삶에 매달리고 있는 것을 누구도 부인할 수 없다. 이것이 바로 이분법적 삶이 주는 한계다.

인터넷을 보면 용감한 자들이 너무나 많다. 상대를 향하여 거침없이 돌팔매질을 하고 있다. 자기는 누가 말한 대로 무균성 인간인 것처럼 말이다. '죄 없는 자가 이 여자를 먼저 돌로 쳐라' 했을 때 손에 들고 있던 돌을 하나 둘 버리고 갔다는 이야기는 그 시대엔 양심이 그래도 살아 있었음을 말해 준다. 오늘날 같으면 안면 몰수하고 돌을 던졌을 것이다.

애비가 딸을 성폭행 한다거나 자기 친딸을 매춘 행위 시킨다느니 하는 짐승같이 사는 자들의 말은 하고 싶지 않다. 부모의 시신 앞에서 유산 싸움을 벌이는 자식들의 추잡한 모습은 어떻게 말해야 할까. 구십 노모를 기도원에 맡겨 놓고 도망치듯 이민 가버린 자를 뭐라고 해야 하나.

이러한 횡경막 이하의 인간들이 벌이는 일들을 보노라면 우리사회는 구원받을 수 없는 멸망할 사회로 보이지만, 그러나 한편 횡경막 이상의 삶을 추구하는 멋진 자들이 있어 우리를 살맛나게 한다. 서울에서 벌어지고 있다는 자식들에게 유산 물려주지 않기 운동은 신선감을 준다. 각종 편법을 동원하여 거액의 유산을 물려주고자 혈안이 된 악덕 기업주들과 너무나 대비되기 때문이다. 사랑의 장기기증운동도 횡경막 이상의 삶을 추구하는 자들만이 할 수 있는 아름다운 일이다. 불길에 뛰어들어 생명을 구하고 자기는 끝내 나오지 못하고 산화한 소방관의 이야기나 물에 빠진 사람을 구하고 종래는 숨진 사람들의 이야기는 가슴 뭉클하게 한다.

가을비가 밤새 추적이며 나를 슬프게 한다. 그러나 추적이는 빗소리보다 이 시대 횡경막 이하의 인간들이 벌이는 온갖 추잡한 행위들이 나를 더욱 서글프게 한다. 조간신문을 기대한다. 횡경막 이상의 삶을 산 멋진 이의 모습이 대문짝만 하게 환한 미소로 실려 있었으면 좋겠다.

B양과 형광등

센스가 둔한 사람을 일컬어 형광등 같다고 흔히들 말한다. 그런 의미에서 보면 난 참 형광등이었나 보다.

대학 새내기 시절의 일이었다. 촌닭 장터에 내어다 놓은 것같이 대학사회는 내겐 퍽이나 낯선 곳이었다. 지금 생각해 보니 얼마나 어리벙벙했을까 싶은 생각이 든다. 그것도 도시에 거주하는 게 아니라 시골에서 열차로 통학을 하다 보니 대학의 자유로운 문화를 느낄 겨를도 없어서 더 그러했던가 보다. 돌아보면 난 유달리 숫기도 적었던 모양이다. 대학의 자유로운 문화도 즐기지 못하였고 여학생들과의 교분조차 가지지 못했으니 말이다. 아니, 그러고 싶어도 내겐 경제적으로 그럴 여유조차 없었으니 더욱 그러했으리라. 장학금으로 겨우 대학생활을 할 수 있었던 터라 여학생들에게 눈길조차 한 번 줄 수 없었던 것 같다. 그저 내 앞가림만 하기에 급급했다.

당시 다니던 학교엔 근로 장학생 제도가 있었다. 오늘날도 유지되고 있는지는 모르겠다. 그 때는 학생들이 학교에 장학금을 신청하면 선발하여 교내에서 일을 하게 했다. 일이라야 몸에 견디기 힘든 일은 아니었다. 그저 건물을 청소하는 정도였다. 그렇게 하므로 학비에 보탬이 되도록 주어지는 제도였다. 그 장학금을 피아노과의 B양이 신청한 모양이다.

통학열차로 대구역에 내리면 대명동 캠퍼스까지 십리길이 될 정도의 길을 그 땐 매일 걸어 다녔다. 요즘 대구의 문화유산 답사로 진골목을 찾는 이가 많지만 아침저녁으로 그 골목길은 나의 단골 메뉴였다. 빠른 걸음으로 학교에 도착하고 보면 온몸은 땀으로 젖었다. 시뻘건 얼굴로 음악관에 도착하면 B양은 빙그레 웃으면서 현관을 물걸레질 하고 있었다. 남들이 하지 않는 일을 하는 게 부끄러웠겠지만 그녀는 조금도 개의치 않았다. 난 순진하면서 말없이 일하는 그녀가 보기 좋았다. 후에 알고 보니 B양은 S여고를 졸업하고 시내 모 교회에서 열심히 신앙생활을 하는 이였다.

오월 이십일인가 아마 그 때쯤이 내가 다니던 대학의 개교기념일이 아니었나 싶다. 개교기념일이 되면 노천극장에서는 메이퀸을 뽑고 몇 날간 축제가 베풀어졌다. 축제 중 하나는 포크댄스의 밤이었다. 학생회 주최로 행하여지는 이 행사는 학생회관에서 베풀어졌다. 참가하는 학생들은 주로 커플들이었다. 여학생들은 고등학교에서 무용시간에 그 댄스를 배웠겠지만 내겐 영 낯설었다. 그도 그렇지만 통학생으로 써클 활동에도 참가하지 않았고 보니 사귀는 여학생도 없었다. 그러므로 관심도 없어 자연히 참가표도 끊지 않았다.

축제를 앞둔 어느 날이었다. 급히 음악관 현관으로 들어서는데 청소를 하던 B양이 불러 세운다. 그리고는 포크댄스의 밤에 같이 참가하지 않겠느냐면서 구매해 둔 표를 내민다. 응당 가려면 남자가 표를 구해 여학생에게 신청하는 게 원칙이었겠지만 거꾸로 되고 말았다. 난 쑥스러웠지만 표를 받아 쥐고 같이 가겠노라 약속했다. 그 때까지도 그녀가 내게 관심을 가지고 있었다는 사실을 난 몰랐다.

축제의 밤은 깊었다. 커플들끼리 춤을 추고 파트너를 바꾸어 가면서 포크댄스에 열중했다. 난 아무리 추려 해도 잘 되지가 않았다. 영문과 선배 S양이 앞에서 인도하며 가르쳤지만 영 어설프기만 했다. 이런 나의 모습에 그녀는 아마 실망했으리라. 그 밤 축제에 파트너로 참가했던 내 친구 하나는 그때의 파트너가 영원한 인생의 동반자가 되었다. 포크댄스를 어떻게 마쳤고 그녀와의 헤어짐도 어떠했는가는 기억나지 않는다. 촌닭 같은 내가 얼마나 그녀에게 실망스러웠겠는가를 생각하니 지금도 웃음이 저절로 나온다.

그 해 겨울방학 직전이었다. 학교에서 만난 그녀가 결혼청첩장을 내민다. 방학 중에 결혼한다는 거다. 학교에는 아무에게도 청첩장을 주지 않았노라고 말하면서 꼭 참석해 달란다. 난 가겠노라고 말은 했지만 약속을 지키지 않았다. 아마도 그녀가 내 맘 깊숙이 자리를 차지하고 있지 않아서였을까, 아니면 결혼한다는 B양이 미워서였을까. 자기의 결혼식에 참가하여 축하해 주기를 간절히 바랐던 B양에게는 참으로 미안하게 되었다. 급우로서 당당히 참가하여 축하해 주었어야 했는데 그러지 못했으니 난 참 바보였던가 보다. 그녀는 결혼 후 학교를 그만두었으니 그 후론 한 번도 얼굴을 마주칠 기회가 없었다.

그로부터 많은 세월이 흐른 어느 주일날 교내 노래선교단 아이들을 데리고 포항 모 교회에 순회연주를 가게 되었다. 연주를 마치고 돌아서는데 뒤에서 다정한 목소리가 나를 잡아끈다. 돌아보니 그녀다. 세월이 무수히 흘렀지만 한눈에 알아 볼 수 있었다. 포항제철회사에서 일한다는 자기 남편을 데리고 와서 인사까지 시킨다. 대학시절 캠퍼스에서 잠깐 스친 우정이 영원토록 가슴에 와 닿아 있었던 걸까. 남편이 옆에 없었다면 반가움에 아마 와락 끌어안았을지도 모를 일이었다.

추억의 한 페이지를 넘기니 아스라이 먼 시절 형광등 같았던 일이 아름다운 기억으로 남는다.

책

책 속에 길이 있다. 이 말은 통상적으로 많이 쓰이는 말이다. 아마도 책을 통하여 사람이 살아가는 지혜를 발견할 수 있다는 말일 테다. 책은 예나 지금이나 우리에게 수많은 지식과 정보를 제공한다.

기독교 선교단체들은 성경을 배포하기 위해 부단히 노력한다. 국제 기드온 협회에서는 매년 수많은 성경책을 인쇄하여 학교, 병원, 호텔, 교도소 등에 무료로 배포한다. 북한 같은 특수사회에도 전달하기 위해 안간힘을 쓴다. 이들이 성경책 배포에 온힘을 기울이는 것은 그 책을 통하여 기독교복음을 전할 수 있다고 믿기 때문이다.

실제로 교도소 내에서 사형수가 배포된 성경을 읽고 회개하여 새로운 삶을 살게 되었다는 예도 있고, 호텔에서 자살하려던 자가 우연히 성경을 읽게 되어 새 삶을 시작했다는 일화도 있다. 살인마 고재봉이는 성경을 통해 변화되어 새 사람의 삶을 살다 갔고, 지존파 중 한 사람도 그러했단다. 탈옥수 신창원이도 교도소 내에서 성경을 통하여 새사람으로 바꾸어져 간다니 여간 다행스런 일이 아니다.

해방 전 평양의 안악골 깡패 김익두는 스왈론 선교사를 통해 예수 그리스도를 영접한 후 성경을 읽으며 철저히 회개하게 된다. 목사가 된 후 그의 삶은 완전히 변화하여 이전의 모든 모습들을 떨쳐버리고 기독교 대 부흥 운동의 중심인물이 되었다.

나쁜 책은 사람의 마음을 병들게 하여 사람을 타락시키지만 성경이 아니더라도 좋은 책은 사람의 마음을 감동 감화시킨다.

고등학교 시절 읽은 책 가운데 기 드 모파상이 쓴 「여자의 일생」과 D. H. 로렌스가 쓴 「아들과 연인」이 지금까지도 애잔하게 내 가슴에 남아 있다. 홀어머니 밑에 자란 내가 소설 속 주인공들과의 삶의 교감이 이루어졌었기 때문인 것 같다. 「여자의 일생」에서는 행복을 꿈꾸던 착한 소녀 잔이 결혼을 한 뒤부터 남편과 아들로부터 차례로 환멸과 실망만 겪게 된다. 「아들과 연인」에서는 어머니의 사랑이 아들의 삶을 지탱하는 너무나 강력한 힘이었기에 폴은 미리엄과의 정신적인 사랑도, 도스부인과의 육체적인 사랑도 받아들일 수 없게 된다는 이야기는 훗날 내가 행여나 그렇게 될까 두려웠다.

읽은 책들 가운데 그 외 수많은 책들이 머리에 떠오른다. 그 중 위고의 『레미제라블』이나 톨스토이의 『부활』, 『전쟁과 평화』, 토스토에프스키의 『죄와 벌』, 루쏘의 『에밀』, 섹스피어의 4대 비극 등이 대표적인 작품이라 하겠다.

이들 많은 책 중 내게 사상적인 원천을 마련해준 책은 뭐라 해도 성경책일 테고 그 다음으로 영향력을 준 책이 키에르케코르의 작품이라 생각된다. 그의 책 『이것이냐 저것이냐』, 『죽음에 이르는 병』 등은 나의 정신적 가치를 정립시켜 준 책들이다.

연전에 북유럽을 여행하던 중 덴마크에서 키에르케코르의 동상을 만났을 때의 기쁨이야말로 다 표현할 길이 없었다. 수더분한 이웃집 아저씨 같은 그의 동상 아래서 기념사진을 찍던 일들이 새롭다. 키에르케코르는 유신론적 실존주의의 대표적 인물이다. 「죽음에 이르는 병」은 몇 번이고 읽었다. 죄로 인해 인간이 회개치 못하고 절망을 하면 영원히 죽음에 이르고 만다는 그의 사상이 나의 온 정신세계를 지배했나 보다.

책이 인간에게 주는 영향력은 대단하다. 그런데도 요즘 매스 미디어에 눌려 영 읽혀지지 않는다니 안타까울 뿐이다. 통계자료를 보면 우리나라 가구당 한 달 책 구입비가 7,200원이란다. 담배가 22,000원, 화장품 구입비가 13,000원이라니 얼굴 부끄러울 뿐이다. 이 책 구입비율을 가구당 평균치로 나누니 0.6권 정도의 책을 구입하는 편이란다. 이 중에도 참고서나 잡지류 등을 빼고 나면 상황은 더 심각해진다. 책 구입비가 커피 두 잔 값에도 못 미친다니 세계 10위권 경제대국으로서 할 소리던가.

한국의 인문학은 고사 직전인데 영미에서는 대학에서 철학 강의가 인기를 얻고 있단다. 특히 하버드대학에서는 플라톤, 로크, 밀, 칸트 등을 읽는 열풍이 한창 일어나고 있다니 우리로서는 부러울 뿐이다. 영국에서는 신입사원 선발에서 철학전공자들이 우대를 받는다니 다시 한 번 생각해 볼 일이다.

문文, 사史, 철哲이 죽으면 인재가 배출될 수 없다. 이 시대 진정한 인재는 논리적인 사고와 치밀한 분석력, 그리고 총체적인 통찰력을 가진 자가 아니겠는가.

남아수독오거서男兒須讀五車書라 했건만 책 속에 길이 있다고 말하는 나는 얼마나 책을 가까이 하고 있는가. 책을 통하여 현대인이 살아갈 수 있는 생활의 지혜를 발견해야 할 텐데…….

4
음악이 흐르는 창

가을과 브람스

옷깃에 스치는 바람이 계절을 느끼게 한다. 애타게 울어대던 매미소리도 귓전에서 멀어지고 풀벌레 소리가 깊은 밤의 적막을 깨운다.

가을에는 음악을 듣게 하소서라고 말하고 싶다. 무더위와 싸우느라 지친 영혼을 위해 생수같이 시원한 한 곡의 음악을 듣고 싶은 것이다. 달빛은 저토록 교교히 흐르는데 신기루 장사와 눈먼 소녀를 위한 월광 소나타를 들을 것인가. 속에 이는 찬바람을 잠재우기 위해 차이코프스키의 비창 교향곡이나 드보르작의 첼로협주곡을 들을 것인가가 나를 망설이게 한다.

CD박스를 훑어 내리다 브람스를 발견했다. 순간 마음은 무엇에 홀린 듯 브람스에게로 향한다. 브람스는 차이코프스키나 드보르작 같이 직접적으로 멜랑코리가 작품에 흘러내리지 않아 좋다. 브람스의 엘레지는 속으로 삼켜 은은하게 내면에 흘러내린다. 왈칵 눈물을 쏟아 내릴 것 같은 슬픔은 아니다. 여인네의 속울음 같은 슬픔이다. 그러기에 가을에는 브람스의 네 곡의 교향곡 중 마지막 교향곡을 즐겨 듣는다. 브람스의 우수가 혈관을 타고 소리 없이 흘러내리기 때문인가 보다.

브람스는 북독일의 함부르크에서 태어났다. 북유럽의 우수를 몸에 지니고 태어났기 때문일까. 아니면 평생 독신으로 살다 간 그의 삶 자체가 그러하도록 만들었을까 그의 음악 저변에는 우수가 흐른다. 은사의 부인을 속으로만 사랑한 것이 그에게 죄였을까. 작품 속에 녹아내리는 우수는 1번 교향곡도 마찬가지다. 거기다 4번 교향곡에 드리운 슬픔은 가을의 서글픔을 대변해 준다 말할 수 있겠다.

브람스가 이미 52세가 되어 작곡한 4번 교향곡은 인생의 고적함을 깊게 느껴서 그러했을지 모르나 어딘지 무겁고 괴로운 우수나 혹은 비통한 체념이 작품의 내면에 파고들어 있다. 이 곡에는 다른 교향곡에서 볼 수 있는 동경과 환희도 없고, 그저 수수하고 적적한 기분으로, 말하자면 인생의 가을과 같은 것을 느끼게 한다. 이 곡을 가을의 교향곡이라 부르는 비평가도 적지 않다. Ernest Newman은 이 곡을 비탄적悲歎的이라고도 불렀다.

이 곡을 감상하려면 얼마만큼 인생을 체험한 사람이라야 좋을 것 같다. 그래야 마음에 강하게 호소하기 때문이다. 이 곡이 갖고 있는 고독함은 브람스의 것인 동시에 인간 전체의 것이며, 특히 다소라도 인생의 쓰디씀을 맛본 사람에게는 마음으로부터의 위안이 되기도 할 것이다.

바흐, 베토벤과 더불어 독일 3B의 한 사람으로 불리는 브람스 음악은 감상하기가 어렵다고 한다. 그도 그럴 것이 베토벤의 교향곡은 고전파 시대 전형적인 소나타에 의해 씌어진 곡이라 테마만 알면 금세 이해할 수 있다. 그렇지만 브람스는 그와는 다르다. 낭만파의 중심에서 만들어진 작품이라 소나타라 해도 변형되어 씌어진 관계로 복잡기가 이루 말할 수 없다. 그저 한두 번 듣고서는 뭐가 뭔지 짐작하기 어렵다. 그러나 계속해서 듣다 보면 브람스의 진수를 느낄 수 있다. 그때쯤 되면 이미 브람스의 마니아가 된다.

CD플레이를 작동시켰다. 매년 가을이면 듣는 곡이지만 오늘따라 더욱 감정을 흔들어 놓는다. 1악장 제1테마가 애수哀愁에 젖어 쓸쓸하게 울부짖고 기도드리며 호소한다. 이 기도는 곧 애통이 되고 탄식으로 변한다. 이 주제는 분명 가을의 쓸쓸함을 느끼게 한다. 외로운 들판에 홀로 선 자의 고독을 느낀 자만이 알아차릴 수 있는 고독이다.

앰프의 볼륨을 살짝 높였다. 피부로 와 닿는 느낌이 다르다. 온

방에 음악이 가득하다. 이 밤에 무슨 음악소리냐고 위 아랫집에서 달려와 현관 초인종을 누를 것 같아 두렵다. 고독과 적막만이 흐르는 이 밤, 브람스와 하나가 되어 느끼는 이 쾌감이야말로 누가 말릴 수 있으랴.

카라얀이 지휘한 브람스도 좋지만 카를로 마리아 쥴리니가 지휘한 빈 필하모닉 오케스트라로 듣고 있다. 냉정하게 감정을 잃지 않는 쥴리니의 특성이 잘 나타나 보인다. 음악의 현장에서 들었다면 얼마나 좋았으랴. 그렇지만 달빛과 별빛이 조용히 흐르는 이 밤 홀로 음악에 심취하여 듣는 것도 싫지는 않다.

이 가을이 더욱 깊어지고 낙엽 위에 밤비가 흩뿌릴 때면 고독한 브람스는 내 영혼을 더욱 깊게 감싸 안아 주겠지.

거짓말

좋아하는 이탈리아 가곡 중에 '거짓말Non e Vel'이라는 곡이 있다. Tito Mattei가 쓴 이 곡은 많은 사람들이 애창하는 곡 가운데 하나다. 가사는 사랑을 고백한 것이 모두 거짓말이었다고 말하는 내용이다. '변함없는 사랑을 약속한 것 기억하나. 거짓사랑 너 어찌해 나의 맘 다 속였나'라고 노래한다.

가장 숭고하다고 말하는 사랑에도 거짓 고백이 있는 모양이다. 그러지 않고서야 이런 노래가 불리어질 수 있을까. 하기야 여자는 귀가 즐거우면 된다니까 무슨 말인들 못 속삭이랴.

교회의 장로로서 가장 두려운 것이 있다. 하나님을 사랑한다고 고백한 것이 자칫 거짓이 되어버릴까 해서다. 오래 전에 기독교 신문에서 읽은 기사가 때로는 곤혹스럽게 한다. 내용인 즉 교회를 충성스럽게 봉사하던 두 장로가 있었다. 그들은 교회를 중심으로 섬기며 생활하여 왔으나 늘그막에 불행히도 그만 둘 다 암에 걸리고 말았다. 그러자 한 장로는 하나님이 왜 이런 시련을 나에게 주느냐며 하나님을 저주하고 발악하다 죽어 갔단다. 그런데 다른 한 장로는 하나님을 부인하지 않고 끝까지 하나님 사랑에 감격하며 살다가 죽었다는 내용이다.

이 기사를 읽고 정신이 멍멍해졌다. 만약 내가 그 입장이 된다면 어떤 처지가 될까 해서다. 통계 수치를 보면 우리나라 남자 평균수명 77세에 암에 걸릴 확률은 삼십 퍼센트가 넘는다는데 생각할수록 더럭 겁이 난다. 평생토록 교회를 섬기며 장로로서 봉사하다 마지막 순간에 신앙이 변질되어 버린다면 모든 것은 헛수고일 뿐이다. 하나님을 사랑한다고 그토록 외치던 외침은 한갓 메아리일 뿐 아무런 의미가 없다. 하나님에 대한 사랑 고백이 거짓이 된다면 그보다 불쌍한 존재는 없으리라. 진정한 신앙은 가장 절박한 순간에 마음이 흔들리지 않고 변함없는 사랑을 고백할 수 있어야 한다. 입술로써 고백한 하나님에 대한 사랑이 생의 마지막 순간에 결실 맺어지기를 바라지만, 내 의지와 상관없는 행동이 나타날까 두렵다.

예수님도 승천하시기 전 가장 사랑하는 제자의 고백을 듣고 싶었다. 자기를 사랑한다고 하는 그 제자의 마음속에 거짓이 숨어 있을까 하는 염려에서이리라. 그래서 세 번이나 같은 질문을 퍼붓는다.

"시몬아, 너는 나를 사랑하느냐."

고 말이다. 그러자 제자는 대답을 한다.

"주님, 내가 주님을 사랑하는 줄 주님은 아십니다."

이어령은 한국인의 사랑을 논하면서 한국인의 사랑은 화롯불 같다고 했다. 화롯불은 겉보기에 재가 시커멓게 죽어 있으니 그 속에 불이 없을 것 같아 보이지만 일단 불쏘시개로 열고 들어가 보면 속은 시뻘건 숯불이 숨어 있다는 것이다. 한국인, 그 중에도 경상도 사나이의 마음은 바로 화롯불과 같다니 새겨볼 일이다. 겉으로 살갑게 애정표현 한 마디 할 줄 모르지만 그 속에 내재된 사랑은 이글이글 타오르는 숯불 같단다.

진정한 사랑은 바로 이런 것이 아닐까. 내면의 진실성이 결여된 사랑은 온갖 미사여구를 사용하여 사랑을 고백한다 해도 거짓 사랑일 뿐이다.

하나님에 대한 내 사랑도 이랬으면 좋겠다. 남들이 보기에는 신앙심이 없는 것 같이 보일지라도 속을 열고 보면 거짓 없는 사랑이 이글거렸으면 한다. 겉보기엔 화려한 모습으로 보일지라도 그 속에 거짓이 숨어 있다면 진정한 신앙인의 삶은 아닐 것이다. 화롯불 같은 사랑이 내 안에 충만히 내재되어 있기를 바란다.

밤새 불면에 시달리다 새벽에 잠깐 눈 붙인 나를 보고 새벽기도 안 나오는 게으른 장로라고 몰아칠지 모르겠다. 신앙은 형식이 아니지만 외적인 것도 감안할 수 없다면 달게 채찍을 받을 수 밖에.

이탈리아 가곡의 애잔함이 마음을 슬프게 한다. 사랑도 거짓이었다고 말하는 그 앞에 무슨 할 말이 있으랴.

'거짓말. 너의 곁에 있을 때 나의 사랑 고했네. 가슴 뛰던 사랑의 맘 아직 너도 기억하나. 너의 곁에 있을 때 나의 사랑 고했네. 아! 다 거짓말. 아! 참 다 거짓말.'

겨울밤과 레퀴엠requiem

나무 끝에 이는 바람이 매섭다. 삭막하기만 한 이 겨울, 그래도 따뜻한 방에 앉아 FM방송을 타고 흐르는 음악을 듣자니 정겹다. 좋아하는 베이스바리톤 한스 호터의 음성이 전파를 타고 흐른다. 슈만의 연가곡 <시인의 사랑>이다.

며칠 전이다. 그날도 평소와 같이 밤 8시가 되자 FM방송에 귀를 기울였다. 겨울밤은 깊어가고 사위는 적막에 쌓이는데 음악은 들뜬 내 기분을 조용히 가라앉혀 줄 것 같다. 그러자 전파를 타고 흐른 음악은 베를리오즈의 <레퀴엠>이었다. 만물이 죽은 듯 숨죽인 겨울밤에 레퀴엠이라니. 뭔가 불길한 예감이 머리를 스친다. 그 다음

날 밤도 무엇을 방송하나 했더니 장대한 베르디의 「레퀴엠」이었다. 아마 내가 듣지 못한 새 모차르트의 <레퀴엠>이나 포레의 <레퀴엠>도 방송되었는지 모르겠다. 왜 겨울밤에 이런 음악을 방송할까 생각해 보니 겨울밤과 레퀴엠은 절묘한 조화를 이루는 것 같다.

레퀴엠이란 죽은 자의 영혼을 진혼시키기 위한 가톨릭교회의 음악이다. 봄이 생이라면 겨울은 죽음이다. 그러니 이 계절에 이러한 음악은 얼마나 맞아떨어지는가.

난 레퀴엠 가운데 포레의 작품을 가장 좋아한다. 자기의 죽음을 예견한 모차르트의 작품도 좋다. 베를리오즈나 베르디의 오페라적인 웅장함이나 극적인 요소가 깃든 작품도 사랑한다. 하지만 포레의 작품을 좋아하는 이유가 있다. 모차르트는 작품은 위대하지만 고전파 음악이라서일까 마음에 와 닿는 따뜻한 종교적 분위기는 포레에 비해 어딘가 부족한 느낌이 든다는 것이 내 생각이다. 포레의 이 작품은 베르디처럼 극적인 웅장함도 덜하다. 그렇지만 그 속에 흐르는 따뜻한 종교적 분위기는 나로 하여금 크나큰 위안의 세계로 빠져들게 한다. 포레의 레퀴엠은 근대적인 조성감각에 입각하면서도 그 조성을 모호하게 한다. 아울러 교회조 특유의 부드러운 서정적 분위기와 중세음악의 영향이 작품 속에 현저히 나타난다. 특히 2성 사이의 응답형식, 독창과 합창과의 교창이나 카논 기법 등, 가톨릭 교회음악의 전통을 그대로 답습하고 있다.

이런저런 생각을 하다 보니 포레의 <레퀴엠>이 듣고 싶었다. 음반을 뒤적이어 찾았다. 듣고 싶을 때 찾아 듣는 맛이란 사막 가운데 오아시스를 만난 기분이다. 이 밤 기온은 영하 10도를 오르내릴 것이라는데 음반을 찾아 든 내 손엔 작은 흥분이 인다. 에르네스트 앙세르메가 스위스 로망스 관현악단을 지휘하여 취입한 음반이다. 따뜻한 바리톤 제라르 수우제의 목소리와 소프라노 수잔느 단코의 노래가 내 영혼을 보담아줄 게다.

수우제가 부르는 제 2곡은 천상의 노래 같다. '죽은 자의 영혼을 지옥의 벌과 수렁에서 구원해 주소서……', '주여 우리들의 찬미와 희생과 기도를 바치나이다……'라는 <봉헌송>은 너무나 감동적이다. 난 이 음반을 들을 때마다 마음의 안식을 얻는다. 특히 울적할 때 이 음악을 들으면 한없는 위로와 평안이 깃든다. 죽은 자를 위한 진혼음악이 살아있는 내게 더욱 감동을 끼침은 왜일까.

이 음악에 대한 특별한 기억이 있다. 1974년 육영수 여사가 흉탄에 서거했을 때다. 그러자 방송은 온 종일 정규방송을 중단하고 대신 음악을 방송했다. 방송된 음악은 간혹 그리그의 페르귄트 중 <오제의 죽음>이 방송되기도 했지만 대부분 레퀴엠이었다. 그중에도 포레의 <레퀴엠>이 더욱 숙연케 했다. 특히 육 여사의 운구차가 청와대를 떠날 때 멀어지는 차를 보며 눈시울을 적시던 박 대통령의 모습이 떠오른다. 바로 그때 방송되었던 음악이 포레의 이 작품 중 제1곡 <입제창>과 <키리에> 부분이었다. 그에게 영원한 안식을 주옵소서 하는 <입제창>과, 주여 불쌍히 여기소서라는 <키

리에> 부분이 떠나가는 운구차와 절묘한 조화를 이루었다. <키리에> 부분이 사그라질 듯이 음악이 끝나기 때문이다.

이 곡은 포레가 그의 부친이 사망했을 때 착수하여 1887년에 완성했다. 초연은 이듬해 그가 악장으로 봉직하고 있던 성 마들랜드 교회에서 이루어졌다. 그리고 1924년 그가 세상을 떠났을 때도 같은 교회에서 연주되었다.

겨울밤은 점점 깊어간다. 오늘은 <시인의 사랑>이 방송되었으니 내일은 무슨 음악이 방송되려나. 이왕이면 메아리가 되어 슈베르트의 연가곡 <겨울 나그네>가 방송되었으면 좋겠다. 그것도 흔히 듣는 피셔 디스카우나 헬만 프라이의 음반이 아니라 프랑스적인 감흥이 감도는 제라르 수우제의 것이었으면 한다.

그대는 꽃인 양

라일락꽃 향기에 살포시 눈을 감아본다. 코끝을 스치는 향이 며칠 전 벚꽃이 주던 은은함과는 다르다. 성숙한 여인의 체취다.

꽃 앞에 서 있으려니 하이네의 서정시에 슈만이 곡을 붙인 'Du bist wie eine Blume(그대는 한 송이 꽃인 양)'가 생각난다. 슈만의 가곡은 슈베르트보다 더 깊은 정감과 서정성을 준다. 그의 리트들은 슈베르트 것들보다 한층 더 섬세하고 지적이며 시인의 사상 세부까지 파고드는 탁월한 묘사력으로 가득 차 있다. 슈만이 이 곡을 작곡한 때가 1840년이고 보면 클라라에 대한 연정이 최고조에 이르렀을 때라 본다. 슈만은 그해 클라라와 그토록 원하던 결혼을 했다. 자연히 한 송이 꽃은 클라라일 수밖에 없었으리라.

슈만에게 한 송이 꽃이 클라라였다면 나에게도 삼십여 년 간 내 가슴을 황홀하게 했던 아름다운 꽃들이 있다. 세월이 물같이 흐른다 해도 내 어찌 그들을 잊으리오. 그들은 오래 전에 나를 잊었을지 모르지만 난 결코 그들을 잊을 수가 없다. 뇌리에서 그 흔적을 지우려 해도 지워지지 않는다. 지난밤은 꿈속에서 그들과 보냈던 추억의 순간들이 나를 사로잡았다.

풋사과같이 상큼한 냄새를 풍기는 그들이 아니었던가. 그 아이들과 예술을 논하고 인생을 논했으니 어찌 그 초롱하던 눈빛들을 잊는단 말인가. 합창을 지도하다 보면 그들과 난 하나가 된다. 그럴 즈음이면 언제나 그들에게 당당하게 말했다. 나보다 이 세상에 더 행복한 사람이 있으면 나와 보라고 말이다. 판, 검사나 의사가 뭐 그리 대단한 존재더냐. 그들이 하루 종일 상대하는 건 이 사회의 온갖 쓰레기 같은 인간들이거나 아파 죽겠다고 얼굴 찌푸린 환자들밖에 없다. 그런데 난 뭐냐. 내가 상대하는 건 그런 자들이 아니잖은가.

나의 상대자들은 물댄 동산에 뛰노는 암사슴 같은 자들이었다. 활짝 핀 목단 같고 눈부시게 화사한 장미꽃 같았다. 그들을 바라보노라면 오스카 와일드Oscar Wilde의 단편 「꾀꼴새와 장미꽃」이 생각났다. 추운 겨울 날, 철학도는 사랑에 빠져 붉은 장미꽃을 구하기 위하여 밤새 고민하다 책상머리에서 잠이 든다. 철학도를 위하여 꾀꼴새는 장미에게 부탁하여 꽃을 피워 달라고 한다.

장미는 이 겨울에 꽃을 피울 수 없다고 말하면서 피울 수 있는 한 가지 방법을 일러준다. 그것은 가시를 자기의 심장에 꽂고 떨어지는 피로 장미꽃을 피울 수 있다는 얘기다. 그 말을 듣고 꾀꼴새는 장미의 가시를 심장 깊이 꽂고 떨어지는 피로 장미꽃을 피운다는 얘기다. 그들의 싱싱함이 꾀꼴새가 피운 장미꽃과 비견할 수 있을쏜가. 얼굴엔 밝은 미소가, 눈가엔 영롱함이 배어나 때 묻지 않은 순수함을 발하던 그들이 아니었던가.

그들의 순수한 목소리에 반해 합창단을 만들었고 지칠 줄 모르는 정열로 그들을 지도한 거다. 그들은 나의 꽃이요 꿈이었다. 한 송이 꽃을 피우기 위해 수많은 고초가 뒤따르듯 난 연중 점심시간을 반납해야만 했다.

인간의 꽃을 피우기란 쉽지가 않다. 풋풋한 그들의 목소리를 품격 높은 예술적 소리로 바꾸는 데는 시간과 정성이 필요했다. 도자기를 구워내는 도공이 더운 열기 앞에서 참고 견디는 것과 마찬가지다. 난 땀과 정열을 쏟아 부었다. 표정이 굳은 자들은 거울 앞에서 얼굴 근육을 풀게 했고 입을 열지 못하는 자들을 위해서 주먹으로 자기 입에 넣어 입을 열도록 했다. 하루가 다르게 소리가 바뀌고 굳어진 표정이 풀려갔다.

일 년여 그렇게 정성들여 가꾸고 나면 국화 향기에 실려 가을은 황홀한 무대잔치를 베풀어 준다. 객석을 꽉 메운 청중들로부터 외치는 부라보 소리를 듣노라면 꽃피운 자만이 느낄 수 있는 환희가 가슴 가득 밀려왔다.

떠난 자들을 보고 싶어 하고 만나고자 하면 그 꿈이 이루어지는 것일까. 교회에서 주일 예배를 드리고 나오는 길이었다. 미모의 부인이 다가와 내 앞에 섰다.

"선생님, 저 아시겠어요. 합창단에서 활동했던 민희예요."

어리둥절해 하는 나에게 또박또박 자기를 소개한다. 변해버린 모습을 한참이나 바라보다 겨우 기억을 되살렸다. 맞다. 소프라노 파트에 앉아 예쁘게 노래하던 그 아이다. 고맙게도 세월은 흔적을 다 지우지는 않았다. 사회복지사로 일하면서 그 때의 추억을 가슴깊이 간직하고 있단다. 교회 근처 빌리지로 이사 왔다니 주일마다 만날 수 있으리라.

다음 주일에는 라일락 꽃 향기가 스며드는 휴게실 창가에 마주앉아 에스프레소 커피향보다 진한 얘기들을 쏟아 놓아야지.

길동무

누구에게나 길동무가 있다. 두런두런 얘기꽃을 피우며 갈 수 있는 길동무야말로 멋지다. 그런 친구만 있으면 십리 길도 오리 길보다 가깝게 느껴진다. 이런 친구를 찾기 위해 오래도록 애쓰다가 드디어 발견했다. 난 이 친구만 곁에 있으면 외롭지 않다. 나의 내면의 세계를 언제나 풍족하게 채워주고 어루만지며 넘치는 기쁨을 주니까. 난 어제도 이 친구와 오래도록 만났고 이 시간도 만나고 있다.

내가 만난 이 친구는 베토벤의 교향곡 제9번 '합창'이다. 이 친구만 만나면 세상의 모든 근심 걱정을 잊는다. 기쁨도 슬픔도 모든 것이 그 속에 녹아나니까.

이 작품은 베토벤 만년의 것이다. 아니, 그의 전 생애를 쏟아 부은 작품이라 할 수 있다. 곡은 여느 교향곡과 마찬가지로 전 4악장으로 구성되어 있다. 그러나 4악장에는 쉴러의 환희의 부침 일명 환희의 송가가 칸타타 형태로 나오기 때문에 합창교향곡이란 이름이 붙여지게 되었다. 전체 연주시간은 한 시간 십여 분이 걸리는 장대한 곡이다.

언젠가 글을 쓰면서 '브란덴부르크 문에서'란 제목으로 이 곡을 언급한 적이 있다. 그 때는 번스타인이 독일 통일을 축하하기 위하여 월드심포니를 조직하고 이 곡을 연주했다는 것을 썼다. 그렇지 않더라도 이 곡은 연말이면 전 세계적으로 송년음악회 단골 메뉴로 되어 있다. 베토벤의 교향곡을 싫어하는 사람도 있다. 왜냐하면 너무나 엄한 군주처럼, 때로는 폭군처럼 우리에게 군림하기 때문이다. 베토벤의 음악을 듣고 있노라면 항거할 수 없다. 그저 복종 당할 뿐이다. 영웅교향곡이 그러하고 운명 교향곡이 그러하다. 그러나 그 무엇보다 베토벤적인 것은 합창교향곡이다.

베토벤의 음악은 외향적이고 남성적이다. 이러한 베토벤의 음악을 일컬어 독일적이라 말한다. 게르만 정신이 작품 속에 묻어있기 때문이다. 독일적인 이 전통을 훗날 바그너가 계승하게 된다. 바그너는 그리하여 자기 음악은 어디까지나 독일적이라고 항변한다. 이 정신에 감복한 것이 히틀러다. 히틀러는 바그너 음악의 광신자가 되어 국수주의에 빠지게 된다.

난 이 곡을 요즘 와서는 카라얀 지휘로 베를린 필하모닉이 연주한 음반을 듣고 있지만 오래도록 라인스도르프가 보스톤심포니를 떠나면서 지휘한 음반을 들어 왔다. 1969년 4월 18일에 연주한 이 음반은 소프라노에 Jane Marsh, 알토에 Josephine Veasey, 테너에 Placido Domingo, 베스에 Sherrill Milnes가 맡고 있다. 이 음악을 듣고 있으면 심장이 멎을 것 같다. 그런데 요즘 들어 카라얀 지휘의 음반을 듣는 것은 내가 좋아하는 소프라노 Gundula Janowitz 때문인 것 같다. 야노비츠의 음색은 너무나 황홀하다.

나에겐 이 곡에 얽힌 에피소드가 하나 있다. 마산 육군병원에서 근무하고 있을 때였다. 군이라는 특수 환경에서 살다 보면 인간은 좀 뻔뻔스러워질 때가 많다. 졸병 시절 어느 날이었다. 외출을 나가 시내를 방황하다가 귀대하던 중이었다. 지금도 제일극장이 그 곳에 있는지 모르겠으나 그 근처의 어느 집 앞을 지나칠 때였다. 사방은 어둑한데 집 안에서 은은히 들려오는 음악소리가 나의 발걸음을 사로잡았다. 가만히 들어보니 이 곡의 4악장이었다. 염치불구하고 군인 특유의 정신을 발휘하여 초인종을 눌렀다. 그랬더니 미모의 아가씨가 나왔다. 다짜고짜 내 신분을 말하고 들어가 같이 음악을 들을 수 없느냐고 우겼다. 난데없이 나타난 군인을 어떤 아가씨가 집 안으로 맞아들이겠나. 난 퇴짜를 당하고 말았다. 그 대신 골목 어귀에 서 있을 테니 4악장을 처음부터 크게 틀어달라고 우겼다. 인심 좋은 아가씨 덕분에 골목길에서 이 음악을 들을 수 있었다.

누구에게나 길동무가 필요하다. 나에겐 지금 수필이 고단한 행로에 길동무가 되어주고 있지만 이것은 어디까지나 제 이의 길동무다. 머리 싸매고 낑낑거려 보지만 제 일의 길동무가 될 수는 없다. 제 일의 길동무는 음악이다. 그 중에도 슬플 때나 기쁠 때 언제나 내 곁에서 나를 보담아 주고 위로해 주는 베토벤의 제9교향곡이 영원한 길동무요 동반자다.

내 마음의 노래.

창밖이 우중충하다. 비라도 쏟아지려나 보다. 차가운 가을비에 나무들은 떨겠지만 건너편 바라보이는 형제봉의 운무는 깨끗이 사라지겠지. 서둘러 출근하는 아내의 뒷모습을 멀리하고 방으로 들어왔다. 이럴 때는 TV도 켜지 않는다. CD박스를 뒤적였다. 찾고 있던 녀석이 나 여기 있노라고 고개를 내밀고 있다.

서둘러 오디오를 켰다. 잔잔히 흘러나오는 음악이 찌뿌듯한 마음을 어루만져 준다. 영혼의 노래다. 어저께는 교회에서 초청된 찬양팀이 부르는 록이나 랩으로 된 가스펠음악에 마음이 상했는데…….

이 음악과 만나게 된 것은 꼭 20년 전이다. 정부에서 실시하는 교직원 해외 연수의 일원으로 선발되어 러시아를 위시하여 서유럽 4개국을 방문할 때였다. 그때만 해도 러시아와 우리나라가 수교한 지 꼭 일 년이 지난 후라 공산주의 심장에 선다는 게 두려웠다. 모스크바의 경제사정은 너무나 좋지 않아 보였다. 몇 년 전에 가보니까 아르바트 거리가 깨끗이 정비되어 있더라만 그때는 북적이는 재래시장 그 모습을 벗어나지 못하고 있었다. 그림 값은 무척이나 싸서 묵고 있던 코스모스 호텔에서 US달러로 250불을 주고 산 게 지금 거실에 걸려 있다. 그렇지만 그들에게는 당시로는 큰돈이었을 게다. 갖고 간 담배 한 갑이나 스타킹 한 켤레에 감지덕지한 그들이었기 때문이다.

호텔 한쪽 모퉁이에서는 CD를 팔고 있었다. 같이 간 일행들은 러시아의 전자기술이 뒤떨어져 음질이 좋지 못할 것이라고 사기를 망설였다. 그러나 몇 장의 CD를 골랐다. 처음 들어보는 러시아의 작곡가도 있었다. 그 중에 하나가 지금 듣고 있는 음악의 작곡가다. 우리나라 음악사전에도 조그맣게 소개되고 있는 작곡가니 생소한 사람일 수밖에 없다. 물론 음악사에도 비중 있게 다루어지는 인물이 아니다. 그렇지만 그를 만난 것은 진흙 속에서 보석을 발견한 것에 비견할 만하다. 나에게는 엄청난 행운이었다. 1990년에 소련에서 발매된 음반이니 지금은 골동품 소리를 들을 만하다. 그가 바로 드미트리 보르트니안스키D. Bortnyansky 1751-1825다. 잘 알고 있는 모차르트와 동시대 작곡가다.

보르트니안스키는 러시아 오페라의 선구자였다. 생페테르부르그에서 작곡 공부를 한 그의 재능을 당시 카타리나 여제가 알아보고 특별장학금을 주어 이탈리아로 보내 서양음악을 공부하게 했다. 당시 러시아는 서양음악의 변방이었다. 서양음악하면 이탈리아나 프랑스, 독일이었다. 본격적인 서양음악에서 탈피해보고자 일어난 음악운동이 러시아의 국민주의 음악인 것을 보더라도 그렇다.

듣고 있는 음악은 러시아 정교회음악이다. 러시아 정교회음악이 가지는 특징은 슬라브 민족 특유의 깊은 애수와 광활함에 비례하는 장엄함, 베이스를 중심으로 한 저음성부가 강조되어 생기는 깊은 심연으로부터의 신성함 그것이다. 지휘자 발레리 포리안스키Valeri Polyansky가 지휘하는 소련 문화성 챔버 합창단이 부르는 아카펠라 합창은 너무나 수준이 높아 마치 천상의 음악을 듣는 느낌이다. 마음이 심란할 때 즐겨 듣는 음악은 포레의 레퀴엠도 있지만 이 음악을 들으면 온 집 안이 정적에 빠져드는 것 같고 정교회의 어느 한 모퉁이에서 예배 드리고 있는 듯하다. 보르트니안스키의 정교회음악이 너무 좋아 연전에 북유럽 여행 중 생테페테르부르그의 어느 정교회를 찾았을 때는 부르는 수도사들의 아카펠라에 심취한 적도 있다. 서방교회를 다니다 보면 웅장한 파이프오르간 소리에 빠져들기도 하지만 정교회의 아카펠라가 주는 황홀함은 또 다른 신비로움이다.

날씨만큼이나 마음이 무거웠는데 보르트니안스키의 성가를 들으니 어둡던 마음이 환하게 밝아진다. 위로와 평안이다. 이러한 게 교회음악의 진수다. 러시아어로 부르니 무슨 뜻인지는 알지 못하나 영어로 번역된 것을 보니 제목이 아래와 같은 것들이다.

"I will exalt Thee! O my God."

"Blessed is the people that know the joyful sound."

내 맘에 흐르는 강

'수많은 날은 지나갔어도 내 맘의 강물 끝없이 흐르네.' 작곡가 이수인이 작곡한 가곡 <내 맘의 강물> 가사 중 일부다. 이 가곡을 KBS 열린 음악회에서 부르는 테너 김남두의 물기 머금은 목소리가 봄밤 내 마음을 촉촉이 적신다. 아파트가 아니라면 같이 시원하게 불러보고 싶었지만 닭장 같은 이곳은 어디 그러기를 허락하던가. 더구나 밤에 노래 부르기란 감히 엄두도 낼 수 없다. 방음 장치를 했다지만 내 맘의 강물은 끝없이 흐르지 못한 채 제약된 공간으로 말려들고 만다.

이럴 때 내 마음을 알아주고 보듬어 주는 곳이 바로 금호강이다.

마음이 답답하고 외로울 때면 난 언제나 강으로 달려간다. 강둑에 앉아 흐르는 물을 바라보노라면 심연에서부터 토해내고 싶던 울화통을 한숨에 날려 보낼 수 있다. 하얀 머플러를 목에 두른 소년 하나가 내 마음으로 기어든다. 금세 난 소년의 노예가 되어 콧노래를 따라 부른다. 부르다 보면 울적했던 마음도 일시에 조용히 사라지게 만든다. 강과 나와의 합일의 순간이다.

그러기에 난 이 강을 사랑한다. 일렁이며 도도히 흐르는 물결은 없지만 내면의 세계로 흘러드니 너무나 좋다. 석양이 조용히 내려앉을 저녁나절이면 물결은 금빛을 띠게 된다. 마침 건너편 인터불고 호텔 언덕배기 아래 강물 위에는 백로 한 쌍이 집을 찾아갈 요량은 하지 않고 자맥질을 하고 있다. 백조처럼 휘 물 위를 선회할 때면 생상의 <동물의 사육제> 중 <백조>가 들리는 듯하다. 첼로의 깊고 중후한 소리다.

금호강은 내 맘의 강물이다. 내 소년 시절의 꿈과 낭만이 금호강과 함께 무르익었기 때문이다. 여름이면 아프리카 소년처럼 새카맣게 그을린 채 멱을 감던 기억이 새록새록 돋아난다. 그 때 강바닥엔 다슬기가 지천이었다. 다슬기를 잡아 삶아서는 탱자나무 가시로 알갱이를 꺼내어 먹기도 하였다. 요즘은 이상난동으로 겨울에도 강물이 얼지 않지만 그때는 온 강이 꽝꽝 얼었었다. 그런 겨울이면 스케이트로 지칠 줄 모르게 하루해를 즐겼었다. 그 무엇보다 얼음 위에 소복이 흰 눈이 내려 덮일 때는 환상적이었다. 하얀 눈 위에 물새

발자국을 따라 걷던 일이 강둑에 앉으니 물밀 듯 밀려든다.

금호강의 유래가 알고 싶었다. 금호라는 말은 금호읍 강변 구릉지의 갈댓잎이 바람에 흔들릴 때 마치 비파소리 같은 아름다운 소리를 낸다고 해서 붙여진 이름이란다. 강의 발원지는 포항시 북구 죽장면 가사리 남쪽 계곡이다. 가보지는 못했지만 아마도 실개천으로 시작되었겠지. 모든 강이 그러하듯이 말이다. 금호강도 여느 강처럼 흘렀을 테고, 가슴 아픈 역사의 상처도 고스란히 떠안고 묵묵히 흘렀을 테지.

예부터 얼마나 많은 시인들이 이 강을 노래하여 왔을까. 최근 화랑교 밑 방천에는 시인 이설주 시인의 금호강 시비가 제막되어 있다.

어릴 적 고추 달랑거리며
모래찜질하는 엄마 따라
멱 감고 마시던 그 맑은 물
<하략>

시인은 금호강의 사계를 한 폭의 그림으로 표현하려 했을 것이다. 그러나 내가 만약 음악으로 이 강을 나타낸다면 스메타나의 교향시 <몰다우>처럼 표현해 보고 싶다. 발원지에서 흘러내리는 물줄기를 우선은 조용히 그리겠지. 그러다 자호천, 임고천, 고촌천, 고

현천, 청통천이 합쳐지는 것을 그릴 수 있을 테고. 강물은 점점 불어 큰 물줄기를 이루겠지. 흐르는 강물 위에 교교히 비치는 달빛도 그리고, 평화를 사랑하고 풍년을 구가하는 농부들의 상기된 모습도 그릴 수 있을 테지. 신라 화랑의 숨결도 그려 넣고 6・25 동족상잔의 비극도 올릴 수 있을 테고. 산업화로 죽음의 강으로 변한 모습도 표현할 수 있겠지. 그리고 물줄기 굽이굽이 돌아 낙동강으로 흘러드는 모습도 표현하고. 그러다 보면 음악과 문학의 절묘한 표현이 이루어지겠지.

봄밤이 시샘하듯 깊어만 간다. 상기된 내 마음을 강물에 씻어야 하나.

딸의 피아노 독주회를 보고

가을이 조용히 저무는 날에 큰딸의 피아노 독주회가 열렸다. 대학 교정은 낙엽들이 흩날리고 황혼은 곱게 나래를 펼친다. 어스름에 펼쳐진 이번 독주회는 큰 홍보 없이 이루어졌기 때문인지 붐비는 독주회는 아니었고 그저 조촐한 연구발표회 수준이었다. 딸의 제자들과 학과 교수들이 주축이 되어 감상을 했다. 곡목은 하이든의 <피아노소나타> 49번과 모차르트의 <환타지> 475번, 그리고 슈만의 작품 9번인 <카니발>이었다. 하이든의 <피아노소나타>와 모차르트의 <환타지>는 무난한 연주였고 슈만의 <카니발> 전곡은 힘을 요하는 어려운 곡이었으나 넘치는 열정으로 잘 연주했다.

자기를 가르친 독일에서의 교수가 슈만이 전공이었다니 잘 전수되었으리라.

딸의 독주회를 보고 있노라니 만감이 교차한다. 한창 피아노를 공부하던 고등학교 시절 아파트 바람이 불어 이층 주택을 팔고 아파트로 이사를 했다. 이사를 하면서 피아노 연습이 걱정이 되었다. 주택과 달리 아파트는 공동주택이라 소음에 민감하다. 그래서 나름대로 피아노를 들여놓을 방은 철저히 방음장치를 했다. 그러나 소리가 백 퍼센트 차단되는 것은 아니다. 아무래도 위아래 층으로 소리가 새어 나가기에 신경이 곤두세워졌다. 아니나 다를까 윗집에서 문제제기를 했다. 심야에 무리하게 피아노를 친 것도 아니었는데 당장 중지하지 않으면 경찰에 고발하겠단다.

내가 들어간 아파트는 그야말로 산장이다. 도심 속에 어떻게 그런 곳이 있었을까 싶다. 아름드리나무가 산을 덮고 봄이면 아카시아 꽃향기가 폐부를 찌른다. 그러나 숲 속에 파묻힌 아파트의 정취에 취해 볼 수 없는 형편이 되고 말았다. 산에서 피어나는 진달래를 보는 것도, 근처 연못에서 울부짖는 개구리 소리도 한갓 부질없는 짓이었다. 소쩍새와 뻐꾸기의 울음소리도 윗집과의 마찰로 인해 고단한 소리밖에 될 수 없었다.

그들로부터 더 이상 시달릴 수 없어 연습을 다른 곳에서 시키기로 작정했다. 마침 아파트 근처에 피아노 학원이 있어 교습은 받지 않고 연습만 하루에 몇 시간씩 하기로 결정을 보았다. 지긋지긋하던 위층과의 싸움은 일단 봉합되었고 이학년까지는 그렇게 연습이 이루어졌다.

그러나 문제는 삼학년이다. 입시에 전념을 해야 하는 시기에 연습량이 절대적으로 부족한 형편이라 참으로 난감했다. 그래서 짜낸 묘안이 내가 사용하고 있는 학교 음악실이다. 음악실에서 연습은 밤이 늦도록 이루어질 수 있다. 그렇지만 남의 학교인 덩그런 음악실에 혼자 연습을 하도록 내 버려둘 수가 없어 학교에서 기다릴 수밖에 없는 처지가 되었다. 저녁식사는 집에서 대충 마치고 아이의 도시락을 하나 싸서 들고 곧장 음악실로 향했다. 수업으로 지친 아이는 도시락으로 식사를 대신했다. 그렇게 딸과 나는 일 년을 버텼다.

힘든 시기를 무사히 잘 넘긴 아이가 곱게 성장하여 저렇게 화려한 조명을 받고 있으니 대견스럽다. 피아노란 악기는 정말 다루기 힘든 악기다. 열손가락을 다 사용하여 연주해야 하고 또 곡도 외워서 연주해야 한다. 다른 악기는 악보를 보고 연주를 하기도 하지만 피아노는 그렇지가 않다. 또 악기 자체도 체구가 큰 서양인을 상대로 만들어진 악기라 우선은 손가락이 길어야 하고 건반을 마음껏 다룰 수 있는 힘도 있어야 한다. 피아니즘과 포르테를 적절히 구사하여 오케스트라가 낼 수 있는 종합적 하모니를 그려내야 한다. 그러므로 동양인이 연주하기에는 벅찬 악기이기도 하다. 그러나 아이는 손이 크고 몸집이 있어 듬직하게 보인다. 딸은 저렇게 열연 중인데 지나간 시간들이 주마등처럼 내 앞을 스친다.

그 후 아이는 대학 입시를 치렀다. 비록 지방 대학이지만 당당히 수석 입학하여 전액 장학금을 받았다. 그날 싱글벙글대던 모습이 눈에 선하다. 딸은 졸업과 동시에 지도교수의 권유를 받고 홀로 독일 땅으로 유학을 떠났다. 혼자 떠나는 유학이지만 굳이 만류하고픈 생각은 없었다. 왜냐하면 나도 '80년대 초에 공부하겠다고 독일로 갔던 경험이 있기 때문이다. 독일은 위험할 것 같지 않아 보였다. 독일로 유학을 결정한 건 그런 선 경험이 작용했다. 그러나 무엇보다 독일은 대학에 학비가 들지 않는다. 그러므로 우리 같은 형편에는 시쳇말로 딱이다.

독일로 간 아이는 지도교수를 잘 만나 일 년을 준비하는 중에 한 푼의 과외비도 들지 않고 공부했다. 우리나라 같으면 레슨비에 혈안이 된 자들로 인해 얼마나 많은 돈이 들었겠나. 할아버지 같이 인자하게 보이던 지도교수는 이미 작고했단다. 헝가리 출신의 그를 독일에 갔을 때 한 번 만났다. 사갖고 간 와인 한 병에 어린아이같이 기뻐하던 그였다. 그의 순수함을 다시 한 번 보고 싶지만 만날 수 없게 되어 안타깝다.

이제 딸은 내 품을 떠나 자기만의 세계로 힘차게 내달리고 있다. 비록 세계를 주름잡는 일류 피아니스트는 되지 못한다 해도 구도자처럼 자기 세계를 구축하여 나가는 모습이 듬직하다. 무대 위의 딸이 오늘 따라 더 위풍당당하게 보이고 내려치는 건반 위의 손길에 힘이 솟아 보인다. 아비의 그림자를 벗어나 힘든 예술의 길을 묵묵히 걸어가는 딸이 왜 이리 대견스러워 보일까.

리듬

만물은 리듬에 따라 생성된다.

계절이 가고 오는 것도 자연의 리듬에 따름이다. 봄이 되면 꽃이 피고, 여름날 이글거리는 태양이 온 가슴 가득 밀려들게 만드는 것도 다 리듬이다. 낙조가 아름다운 가을과 온 천지를 덮는 설경의 아름다움 역시 리듬이 주는 선물이다.

자연현상이 우리에게 주는 것보다 더 잘된 자동은 없다. 인간이 아무리 훌륭한 것들을 발명한다 할지라도 이 질서보다 앞설쏘냐. 입춘의 봄바람에 골짜기 얼음은 녹아내리고 제비는 강남서 훨훨 제 집 찾아 날아든다. 물오른 가지마다 꽃들은 다투어 피어나고 노고

지리는 새벽하늘 높이 날아 즐겁게 지저귄다.

사월이 꽃의 계절이라면 오월은 신록의 계절이다. 이러한 변화는 인간의 조정에 의하여 이루어지는 것이 아니다. 다만 조물주의 창조질서에 따라 나타나는 리듬현상일 뿐이다.

리듬이 음악적 용어이니 좀 장황하게 음악적 설명을 해야겠다.

'태초에 리듬이 있었느니라.'

이 말은 음악학자 후고 리만이 기독교 성서 요한복음 일장 일절에 나오는 '태초에 말씀이 계시니라.'라는 말을 바꾸어 한 말이다.

리듬이란 말을 국어사전에서는 '사물이 규칙적으로 되풀이될 때의 그 규칙적인 움직임'이라고 풀이한다.

음악에서는 멜로디, 하모니와 더불어 음악의 3요소의 하나로 규정짓는다. 이는 음의 장단과 강약이 일정한 규칙에 따라 되풀이 되는 현상을 일컬음이다.

음악이 언제 만들어졌는가에 대한 설은 여러 가지가 있다. 그 중에 하나가 노동설이다. 사람들이 일을 하면서 일의 고통에서 풀려나기 위해 어영차 어영차 한 것이 음악의 시초였다고 보는 학설이다. 이 때 리듬은 가장 원초적인 것을 제공한다. 즉 리듬에 고저를 더한 것이 멜로디가 되었다.

오늘날 우리가 사용하고 있는 서양음악의 리듬이 단순하게 정리된 것은 18세기 고전악파시대부터였다. 그레고리안 성가에서부터

17세기 바로크음악까지 음악의 리듬은 자유롭게 흘러갔다. 고전악파시대 음악의 단순화가 이루어지면서 세로줄에 의한 리듬의 강약이 제약을 받게 된 것이다. 강약이니 강약약이니 하는 리듬적 제약들이 이때부터 만들어졌다.

이 리듬의 제약을 해제하고자 하는 시도는 20세기 들어와서 러시아 작곡가 스트라빈스키가 발레곡 <봄의 제전>을 쓰면서부터다. 그는 사람들이 상상하고 있는 리듬의 개념을 깨트렸다. 강박이라고 생각하고 있는 자리에 약박을, 약박이라고 생각하고 있는 자리에 강박을 불쑥 넣음으로써 리듬을 불규칙화 시켜 구속에서 해방시켰다. 이러한 그의 음악을 원시주의음악이라 일컫는다. 원시시대 사람들이 물건을 때릴 때 강약에 맞추어서 치지 않았을 것이다. 그냥 자기의 취흥에 따라 리듬을 두들겼을 것임이 분명하다.

음악에서야 불규칙한 리듬이 현대감각을 살려 좋은 표현수단이 되겠지만 내 삶에 이 불규칙리듬이 일어날까 두렵다. 불규칙리듬이 사람의 심장에 나타난다면 어떤 현상이 일어날까. 의학적 용어로는 부정맥이라 일컫겠지. 이 부정맥이 깊어지면 심장은 종래 멎고 말 것이다. 불규칙적인 생활습관도 마찬가지다. 폭식과 폭음을 정신없이 하다 보면 신체는 망가질 대로 망가지고 만다. 암이 발생하는 것도 마찬가지다. 세포의 분열이 정상적인 리듬에 따라 분열하여야 하는데 그렇지 못하면 뭉쳐서 암 덩어리가 만들어진다.

불면증환자가 잠을 이루지 못하고 밤새 뒤척이는 것도 수면의 리듬을 잃어버린 때문이다. 리듬만 회복한다면 쉽게 잠들 수 있다.

삶도 리듬에 따라 이루어지는 것이 평화를 유지하는 비결이다. 남녀의 애정행각이 리듬을 벗어날 때 대 혼란이 일어난다. 만약 김정은 집단이 불규칙리듬에 휩싸인다면 한반도는 어떻게 될까. 생각만 해도 끔찍하다.

내 삶의 끝자락, 생명의 끈을 놓아버린 날은 똑딱이던 리듬이 끝난 날일 테지. 형제봉을 등행할 때면 마주치는 묘지를 애써 외면해 버리고 싶지만 자꾸만 눈길이 쏠림은 왜일까. 덧없이 왔으니 덧없이 살다 가는 생일까. 봄은 산야에 무르익을 대로 무르익어 있건만 리듬이 정지된 자들의 안식처는 산새들의 울음소리뿐 조용하기만 하구나.

나는 가끔 묘지에 앉아 망자와 오순도순 얘기를 나눈다. 그들이 파란만장했던 지난날의 삶을 들려주니 콧등이 시큼하다. 한때는 내게도 청춘이 있었고 아름다움의 절정이 있었다고 그들이 열변을 토할 때면 난 그들에게 이렇게 말한다.

"내게도 자네 같은 날들이 있었지만 닮아가는 건 자네 모습뿐이란다. 그러니 서러워 말게나."

동편 창이 밝아 왔다. 노고지리 우짖는 소리는 들리지 않지만 창가에 희멀겋게 찾아든 아침 햇살이 지난밤 고이 잠든 나의 잠을 깨워 준다. 대지의 노래가 선명히 들리는 아침이다. 오늘도 앨고리듬처럼 삶에 인풋을 가하면 아름다운 아웃풋이 나를 기다려 주겠지.

삶의 리듬을 잃어버리지 않고 고이 잠들게 해주신 하나님께 감사의 기도를 드린다.

브란덴부르크 문에서

베를린시에 있는 브란덴부르크 문을 가본 적이 있다. 사진으로 보아온 그 문은 역시 아름다웠다. 바흐는 정교하게 만들어진 그 문 이름으로 협주곡을 만들기도 했다. 그곳을 방문했을 때 밀려온 설렘은 공산주의의 상징인 모스크바의 붉은 광장에 서 있을 때보다 더 강렬했다. 그것은 문자체의 아름다움이나 바흐의 협주곡 명칭 때문만도 아니다. 이유는 바로 그곳에서 울려 퍼졌던 독일 통일의 역사적 연주회 때문이다.

1990년, 동, 서 베를린을 갈라놓았던 콘크리트 장벽은 무너지고 독일은 위대한 통일의 역사를 이루었다. 통일 전 수많은 동독의 청년들은 자유를 찾아 이 장벽을 넘으려다 무참히 희생되었다. 세계는 그들의 고통을 지켜보고 있었다. 대 탈출이 이루어졌다. 동독 정부는 더 이상 견디지 못하고 손을 들고 말았다. 지금도 베를린에는 헐리지 아니하고 남아있는 장벽이 있다. 그날의 고통을 일깨워 주기 위함이다. 브란덴부르크 문은 바로 현실을 묵묵히 지켜 본 분단의 심장이었다.

독일이 통일을 이루던 날 전 세계 음악인들은 가만히 있지를 않았다. 미국의 작곡가 겸 지휘자인 레너드 번스타인의 지휘봉 아래 모여들었다. 소위 월드 심포니 오케스트라가 조직된 것이다. 우리나라도 첼로에 나덕성 씨를 포함한 몇 분이 참가했다. 브란덴부르크 문에서는 통일을 축하하는 연주회가 성대하게 이루어졌다. TV는 그 장면을 놓치지 않고 전 세계로 생중계하였다. 사람들은 숨을 죽이며 실황을 지켜봤다. 그날 밤 그들의 통일을 부러움에 찬 눈으로 바라보던 나의 눈에는 눈물이 맺혔다. 번스타인은 신들린 듯했다. 화려한 몸짓과 특유의 제스처는 환희 그 자체였다.

연주 곡목은 베토벤의 제9교향곡 '합창'이었다. 이 곡에 합창이라는 명칭이 붙여진 것은 4악장에 시인 쉴러가 쓴 환희의 송가가 코랄 형식으로 만들어졌기 때문이다. 가사의 첫머리에는 독일어로 Freude라는 말이 나온다. 그 말은 '환희', '기쁨'이라는 뜻이다. 음악의 귀재 번스타인은 그것을 그냥둘 리 만무하다. 번쩍이는 그의 아이디어는 세계인의 귀를 놀라게 했다. Freude가 freedom으로 바꾸어져 불린 것이다. 자유, 그 말보다 어울리는 말이 그 순간 있을 수 있을까. 생각건대 합창단은 목이 메어 옳게 부르지 못했을 성싶다. 자유를 찾기 위해 흘린 피의 대가는 얼마나 많았는가. 살아남은 자들은 저렇게 소리 높여 프리덤을 외치고 있는데. 억눌린 자에게 자유보다 귀한 것은 없다.

브란덴부르크의 환희의 송가가 한반도에도 다시 한 번 울려 퍼지기를 간절히 소망한다. 155마일에 걸쳐 둘러쳐진 철조망이 걷히고 민족이 통일을 이루는 날의 감격을 말이다. 그 날은 우리만의 축제가 아닌 세계인의 축제가 될 것이다. 또다시 월드 심포니 오케스트라가 조직되어 '합창'교향곡이 전 세계로 연주되어 나가겠지. 그 날이여, 속히 오너라. 내 생전에 기쁨을 맛보고 싶다. 그 날은 이념의 노예에서 벗어나 7천만 동포가 얼싸안고 미친 듯 춤을 덩실덩실 추겠지. 서로의 가슴을 향하던 총구는 녹여 보습으로 만들고 저네들이 만든 핵폭탄은 태평양 한가운데 묻어 두어야 할 테지. 지구상에 남은 마지막 분단국가의 통일이 이루어지는 날, 백두산아, 한라산아 일어나 외쳐라. 목이 터져라 소리 높여 외쳐라. 프리덤, 프리덤이라고. 흐르는 한강물아, 잠시 멈춰 다오. 어찌 너희들이 가만히 보고만 있을 수 있겠느냐. 이 날의 기쁨을 전 세계에 알려 다오.

브란덴부르크의 감격을 판문점으로 가져오자. 판문점은 우리의 브란덴부르크 문이다. 겨레의 실낱같은 희망이 깃드는 곳이요, 끊어진 핏줄을 이어 줄 보금자리며 심장이다.

감격의 통일을 이루어 환희의 송가를 부르기 위해서는 우리 자신의 내부에서 걷어 치워야 할 울타리가 너무나 많다. 기존의 낡은 수구 냉전의 사고방식도 버려야 하지만 싸구려 민족주의도 반드시 극복되어야만 한다. 민족주의만 부르짖다 저들의 마수에 얽혀드는 날은 환희가 아닌 비극의 날이 될 수 있기 때문이다. 그러므로 통일은 자유민주주의에 의하여 이루어져야 하는데 그날이 언제 오려나. 답답하기만 하다.

브란덴부르크의 문설주를 붙잡고 기도했다. 내 조국 한반도의 평화 통일을 위해서 말이다. 저들은 이루어내었는데 우린들 못하라는 법은 없다.

하나님이여, 이 땅을 가호하소서. 애타게 부르짖는 이 민족의 노래를 들으소서.

'우리의 소원은 통일, 꿈에도 소원은 통일
이 정성 다해서 통일, 통일을 이루자.'

사랑의 기쁨

수목원에서 문우들의 모임이 있었다. 하늘이 잔뜩 흐리더니 종래는 자분자분 봄비가 내렸다. 봄밤에 내리는 비는 더욱 운치가 있어 좋다. 장맛비처럼 추적추적 내리지 않아 좋고 가을비처럼 서글프게 내리지 않아 좋다. 희뿌연 안개같이 꽃잎을 타고 흘러내리는 봄비는 추억의 실타래를 여과 없이 풀어주나 보다.

노래방 가자는 일행들과 헤어진 후 잰걸음으로 대곡역을 향했다. 가로등 불은 봄비에 젖어 졸음에 겨운 긴 하품을 하고 있다. 봄밤에 내리는 비는 그리움을 불러오는가. 내 마음 어디선가에서 Plaisir d'amour사랑의 기쁨가 희미하게 들린다.

'사랑의 기쁨은 어느덧 사라지고 사랑의 슬픔만 영원히 남았네.'

내 마음속 깊은 곳에 감추어 두었던 이 곡이 왜 갑자기 심연에서 울려 퍼지는 걸까. 봄비가 주는 마력인가. 마음이 무엇에 홀린 듯하다. 비는 내리는데 한 걸음도 발걸음을 뗄 수가 없다.

마르티니가 작곡한 이 곡과의 처음 만남은 고등학교 시절이었다. 한창 감수성에 젖어 있던 난 친구와 같이 어울려 다니며 어지간히 이 노래를 부른 기억이 난다. 이 곡은 멜로디가 감칠맛이 나고 가사 또한 사춘기 소년의 마음을 자극하기에 충분하다. 사랑의 세레나데 같고 슬픔을 안으로 아로새긴 엘레지 같다. 크라이슬러의 사랑의 슬픔은 기쁨같이 느껴지는 데 반해 이 곡은 사랑의 기쁨이 아니라 슬픔같이 가슴속에 파고든다.

한 소녀를 사랑해서였을까. 눈먼 소녀를 사랑한 목사가 속으로 자기의 감정을 추스른 것처럼 나 또한 마음 문 열고 털어놓지 못한 채 이 곡으로 가슴앓이를 하곤 했었다. 그녀의 집과 내가 살고 있던 집과는 불과 십여 채 떨어진 곳에 있었다. 난 마을 윗동네에 살았고 그녀는 마을 중간쯤 하천가에 살았다. 자연히 등하교 길에는 늘 그녀의 집 앞을 지나다녔다. 하루라도 그녀를 보지 않으면 미칠 것 같았다. 그것이 사랑의 열병이었나. 같은 동리에 살면서 교회도 같이 나가고 보니 어지간히 어울려 다닐 수는 있었다. 그렇지만 사랑의 감정은 안으로만 아로새긴 채 덤덤하게 지나곤 했다.

정말 우연이었나. 하루는 그녀의 집 앞에서 단둘이 만날 수 있는 기회가 있었다. 내 마음을 들켜 행여나 얼굴이 붉어질까 봐 얼마나 가슴 졸였는지 모른다. 내 맘을 아는지 모르는지 그녀는 평소처럼 얼굴을 생글거리고 있었다. 그녀의 집 담장에 심어진 아카시아 향이 내 코를 자극한 것을 보니 한 오월쯤 된 것 같다. 봄밤이 주는 운치가 사방에 드리운 그 날도 여느 때처럼 사랑의 고백 한 마디 못 하고 쓸데없는 소리만 하다 헤어진 것 같다.

그 후로 우린 종종 만날 수 있는 기회가 많았다. 그렇다고 무슨 사랑타령을 한 건 아니었다. 다만 서로가 이야기 상대가 되어주고 같은 고민을 털어놓을 수 있는 기회가 되었었다. 그러자 감정의 교감이 둘 사이에 일어났던가, 넓은 들판을 무대로 데이트를 시작했다. 시골이라도 내가 살던 동네는 평야라 물레방앗간도 없었다. 그것이라도 있었다면 숨어서 사랑을 속삭일 좋은 장소가 되었으련만 우리가 갈 수 있는 곳은 오로지 들판뿐이었다. 가끔은 멀리 떨어진 읍내까지 가서 영화를 보기도 했지만 그것은 극히 예외였다. 들판에 나서면 봄에는 종달새 노래와 새싹들이 환영을 해주었고 여름이면 개구리 울음소리가 우리를 반겼다. 가을이면 황금들판에 꿈을 실었고 눈 내리는 겨울이면 그 위에 하얀 발자국을 남기곤 했다. 그럴 때면 난 이 노래를 그녀와 걸으며 조용히 불렀다. 그녀 앞에 바친 사랑의 세레나데였을까. 그러면 그녀는 살포시 귀 기울여 듣곤 했다. 가을이 무르익을 무렵이었나. 코스모스가 활짝 핀 어느

달 밝은 밤이었다. 난 그날 그녀의 얼굴에 발그레한 홍조가 띤 것을 보았다.

그녀의 가슴에 사랑이 일렁인다고 생각했다. '그래, 그녀도 나를 좋아하는 거야.' 사춘기 소년의 가슴은 방망이질을 하기 시작했다. 순간 나도 모르게 홍조 띤 그녀의 볼에 입술을 갖다 대고 말았다. 흠칫 놀란 그녀는 뒤로 한 발짝 물러섰다. 순간 나도 당황하고 말았다. 쥐구멍이라도 있으면 숨고 싶은 심정이었다. 떨리는 가슴을 한동안 진정한 후 우린 아무 일도 없었다는 듯이 집으로 발길을 돌렸다.

내 마음속에 잊혀졌던 그 노래가 이 밤 봄비를 타고 다시금 살아남은 왜일까. 무슨 환영을 보고 있는 느낌이다. 갑자기 그녀가 보고 싶다는 마음이 욱 하고 솟아오른다. 지금쯤 어디에 살고 있을까. 첫사랑은 가슴에 묻어 두어야 한다지만, 애련함이 노래에 실려 가슴 깊게 파고든다.

그 때였다. 휴대폰이 포켓에서 다급하게 나를 깨운다.

"여보, 어디야? 밖에 비가 오는데 우산 갖고 있는 거야?"

시와 음악

우리 가곡에 곡은 하나인데 가사는 세 개인 것이 있다. <고향>, <망향> 그리고 <그리움>이 그것이다.

원래 가곡은 하나의 시를 작곡가가 사용하여 만들게 된다. 작곡가는 원하는 시를 발견하면 그 시가 가지고 있는 시적 운율, 즉 장단長短, 고저高低, 강약强弱 그리고 의미어와 무의미어를 철저히 분석하고 파악하여 곡을 만든다. 그렇게 하여 만들어진 대표적 예술가곡이 낭만파 시대 슈베르트에 의하여 만들어진 리트Lied다. 슈베르트는 독일어가 갖고 있는 시적 운율을 가락으로 뛰어나게 표현했다. 그의 가곡선율은 마치 시를 낭송하는 것 같은 운율을 갖고 있다. 뿐만 아니라 피아노 반주는 단순한 화성적 처리만으로 그치지 않고 가락으로 다 표현하지 못한 시적 이미지를 확실하게 음악으로 그린다. 예를 들어 그가 십팔 세에 쓴 <마왕>을 보면 여실히 알 수 있다. 가락은 가사의 운율을 살렸고 피아노 반주는 가사가 갖고 있는 분위기를 잘 나타낸다. 즉 오른손의 세 잇단음표는 말발굽 소리를, 왼손은 폭풍우를 리얼하게 묘사해 준다.

하나의 시는 작곡가에 따라 여러 곡으로 만들어질 수 있다. 생각건대 괴테의 '마왕'도 많은 작곡가들이 사용하여 작곡했으리라 짐작이 간다. 한국 가곡도 그러한 것이 많다. 그 중에 대표적으로 쓰인 시가 김소월의 <진달래 꽃>이 아닌가 생각한다. 그 시는 낭만성과 시적 운율이 좋아 작곡을 공부하는 학도들로부터 기성 작곡가에 이르기까지 수많은 사람들이 즐겨 곡을 붙인다. 이것이 일반적으로 가곡이 만들어지는 과정이다. 시가 먼저고 곡은 나중이다. 그런데 위에 말한 가곡은 곡은 하나인데 가사가 세 개이니 어리둥절할 수밖에 없다.

알고 보니 원래 이 곡은 바이올리니스트 겸 작곡가인 채동선 선생이 1933년 정지용 선생의 시 <고향>에 곡을 붙인 곡이다. 이 곡은 바이올린으로 연주해도 될 만큼 아름답다. 곡은 느리고 악상의 변화가 많으며 늘임표가 많이 쓰인 아주 센치멘탈 하고 멜랑코릭한 곡이다. 시는 이렇게 시작한다.

'고향에 고향에 돌아와도 그리던 고향은 아니러뇨.

산꿩이 알을 품고 뻐꾸기 지천에 울건만. ~'

고향에 대한 향수를 물씬 느낄 수 있는 가사다. 작곡가는 시적 이미지와 운율을 살려 아름답게 이 곡을 표현했다. 그러나 보도연맹과 조선 문학가연맹에 가입하여 사상적으로 좌익 편에서 문학 활동을 하던 정지용 선생은 6·25 발발과 함께 전쟁 중에 월북을 한다. 때문에 아름다운 곡이었지만 정치사상적인 이유로 더 이상 그의 가사로 부를 수 없게 되었다. 그리하여 이 곡을 살리기 위하여 아동문학가 겸 시인이었던 박화목 선생이 <망향>이라는 가사로 작사를 한다. 그러나 곡에다가 억지로 갖다 맞춘 꼴이다.

'꽃피는 봄 사월 돌아오면 이 마음은 푸른 산 저 넘어

그 어느 산 모퉁길에 어여쁜 님 날 기다리는 듯~'

이 가사가 얼마나 비음악적으로 갖다 붙였는가는 첫 소절부터 느낄 수 있다. 곡은 4분음 4박자의 못갖춘마디로 시작되어 첫 음에서 다음 음으로 옥타브 상승한다. 이것을 가사와 대비하면 '꽃피는'에서 꽃은 의미어인 명사인데 의미어인 '꽃'은 약박이고 동사어간인 '피'는 옥타브 상승하여 강박이 된다. 꼭 외국 곡에 우리말을 번역하여 가져다 붙인 꼴이다. 외국 곡은 그 나라 말이 갖고 있는 구조상 못갖춘마디로 많이 시작한다. 즉 명사 앞에 무의미어인 관사가 나오기 때문이다. 관사는 약박에 두고 명사를 강박에 두기 위함인 것이다. 그러나 우리말은 어법상 명사로 시작한다. '바람이 분다.' '청산리 벽계수야'이지 '그 바람이 분다.' '저 청산리 벽계수야'는 아니

다. 그러므로 전통 가곡, 가사, 시조, 민요는 철저히 강박으로 시작한다. 우리 가곡은 이러한 것에 혼란을 겪는 것이 많다. 어법상 우리 가곡은 못갖춘마디로 될 수 있는 것이 적을 수밖에 없다. 그런데도 못갖춘마디로 시작되는 것이 많은 것은 작곡가들이 선율, 즉 음악만 고집하고 시어는 분석적으로 사용하지 않기 때문이다. 시와 음악은 공존하는 것이지 시가 음악에 종속물이 되어서는 안 된다. 그러므로 채동선 선생은 <고향>을 작곡하며 못갖춘마디로 시작은 하지만 의미어의 강세에 얼마나 신경을 쓴 것인가를 볼 수 있다. '고향'을 발음할 때 강세가 '고'에 주어지는 것이 아니라 '향'에 주어지기 때문이다. 그러므로 채동선 선생은 분석적으로 명사를 사용하는 데 있어서 '고'자는 약음에 두고 '향'자는 강음에 두었다.

이러한 박화목 선생의 가사가 못마땅하였던지 채동선 선생의 유족들이 이은상 선생께 작사를 의뢰한다. 그리하여 탄생된 것이 <그리워>이다.

'그리워 그리워 찾아와도 그리던 고향은 아니 뵈네.
들국화 애처롭고 갈꽃만 바람에 날리고 ~'

이 가사는 <망향>에 비하면 훨씬 운율이 자연스러우나 '그리워'에서 문제가 없는 것은 아니다.

우연을 거듭하던 이 곡이 본래의 얼굴을 찾은 것은 정지용 선생의 시가 해금 되면서부터다. 그러므로 그사이 <망향>이나 <그리워>로 많이 불려 왔지만 이제는 우리의 뇌리에서 그 가사를 지우고 <고향> 하나로 통일시켰으면 한다. 이미 주어진 가사를 살리기 위하여 외국 곡을 번역하여 사용하는 것처럼 계속 사용할 수는 없다. 아픈 상처의 회복은 빠를수록 좋다. <망향>이나 <그리워>는 아름다운 시이므로 시 자체를 없앨 수는 없다. 어서 빨리 또 다른 작곡가나 나와서 그 가사를 살려서 새로운 노래가 불리어지도록 만들어 주었으면 좋겠다.

아고긱

아고긱Agogik이란 음악용어로서 속도법速度法에 관한 것이다. 이는 그리스어 agoge에서 유래된 말로 음악학자 후고 리만Hugo Riemann이 처음으로 사용한 용어다. 연주할 때에 엄격한 템포나 리듬에 미묘한 변화를 붙여 다양한 색채감을 내는 방법이다. 비슷한 말로 템포 루바토tempo rubato가 있다. 아고긱이나 템포 루바토는 음악의 표현에 변화를 주자는 것이다. 즉 기계적인 정확성 대신 자유롭게 감정을 표현하라는 용어이다. 상성부는 루바토로 저성부는 정규리듬으로 연주하는 것이 타당하다고 18세기부터 논의되기 시작했다. 이러한 표현방법은 고전악파의 음악에 적용하기란 어렵지만 19세기 쇼팽의 음악을 이해하는 데는 필수적이다.

인생을 살면서 이렇게는 살 수 없을까를 때로는 생각한다. 너무 엄격한 삶의 규제보다는 어딘가 비어 있는 듯한 인생, 획일적이고 규제적이기보다는 뭔가의 자유로움이 스며드는 삶이 그리울 때가 있다. TV 토크쇼를 보다 자지러진 일이 있다. 술에 취해 자기 집으로 간다는 게 잘못되어 이웃집에 들어가 잤더라는 얘기다. 그것도 의과대학생 시절이라 의학서적을 끼고 있었더니 그 집에 딸이라도 있었는지 아침에 해장국까지 끓여 주더란다. 자기 통제의 삶을 살더라도 나사 풀린 듯한 이러한 삶도 흥미가 있을 것 같다.

젊음을 질풍노도의 시절이라고 말했던가. 거침없이 앞만 보고 달려 나가는 세대다. 음악용어를 빌린다면 아첼란도accelerando의 삶이다. 이는 점점 몰아치라는 뜻이다. 이 용어가 나오면 a tempo가 나오기까지 일정부분을 점점 빠르게 연주해야 한다. 젊은이의 생각과 행동이 바로 그런 게 아닐까. 불의를 보고 참지 못하고 현실에 반항하고자 하는 자들이 젊은이들이다. 때로는 화염병을 투척하며 목숨을 초개같이 던질 줄 아는 이가 바로 그들이다. 역사는 그런 자들에 의해 이루어져 왔다. 안정을 추구하고자 하는 세대에게는 변화란 없다. 늙은이는 변화보다는 정격연주의 삶을 원하기 때문이다. 그들은 변화를 두려워하고 현실에 안주하기를 원한다. 아고긱의 삶을 거부한다. 북한을 보라. 늙은이들이 포진하고 있는 그 사회가 변화를 받아들이겠는가. 변화는 그들에게 죽음이다. 그들은 애송이 지도

자를 찬양하고 현실에 안주하면 부귀영화를 누릴 수 있다. 북한 젊은이들이라고 왜 변화를 추구하지 않겠는가. 북한에도 싸이의 말춤을 조회했다니 무슨 변화의 바람이 조금이라도 불어 오려나 섣부른 기대를 해본다.

보수 기독교 종교교육을 받고 자라온 터라 나에게 술과 담배는 터부였다. 오늘날이 있기까지 그것이 가져다준 결과는 엄청나다. 만약 그렇지 못했더라면 지금쯤 이 세상에 존재하지 못하고 있을 것이다. 조카 둘은 알콜 중독자가 되어 일찍 세상을 떴다. 혈압 높은 내가 술 중독자가 되고 담배를 피웠더라면 생각만 해도 끔찍한 일이다. 그것이 감사한 일이지만 때로는 일탈자가 되고 싶을 때가 없는 것도 아니다. 너무 틀에 꽉 막힌 삶은 가슴을 답답게 한다. 프로야구 모 구단의 투수가 삐딱하게 모자를 쓰고 나와 공을 던지는 모습이 웃음을 자아내지만 그것대로의 멋이 있다. 아무도 시도하지 않은 것을 아무렇지도 않은 양 쓰고 나와 천연덕스럽게 던지고 있는 그의 모습에서 변화란 그런 것이란 것을 느끼게 된다. 완벽하게 다 갖춘 듯한 데서 오는 부조화가 삶을 더욱 멋지게 한다.

사계절이 있다는 것은 축복이다. 그것은 변화다. 봄에는 새싹이 나고 꽃이 핀다는 사실은 놀라운 변화를 말하는 게다. 봄이 좋다고 봄만 지속된다면 얼마나 지루할까. 성숙의 여름도, 결실의 가을도 눈 내리는 겨울도 맛볼 수 없다면 봄이 무슨 소용이 있으랴. 변화가 있기에 계절이 아름다운 게다.

추위가 극성을 부릴 때는 이 계절이 언제 가는가 했건만 입춘이 지나고 나니 아침저녁으로 부는 바람이 달라졌다. 계절에 부는 바람 따라 내 인생의 자락도 여기까지 왔으니 생의 아고긱을 생각할 때인가 보다.

연음連音

우리 음악 가운데 수제천壽齊天이란 곡이 있다. 일명 정읍井邑이라고도 불리는 곡으로 아악雅樂 중 백미白眉다. 악기 구성은 향피리, 젓대, 당적, 해금, 아쟁, 장고, 좌고 등으로 이루어진다. 수제천은 궁중의 연례악宴禮樂으로 임금 또는 왕세자의 동가動駕에 위엄을 돋우기 위해 쓰인 음악이다.

이 곡의 가장 큰 특징은 연음連音이다. 연음이란 서양음악에는 카논canon과 같은 것으로 연상을 할 수도 있겠지만 꼭 그렇지만은 않다. 일정 가락을 한 악기가 연주하고 나면 다른 악기가 받아서 부는 형식이다. 즉 피리가 불고 쉬는 동안 당적, 해금, 아쟁 등이 따라 불게 된다. 카논은 쉽게 말하면 모방 기법으로 앞 가락의 일정부분 뒤에 따라 연주하므로 선행구先行句와 후속구後續句 사이에 화성이 이루어진다. 연음은 앞 가락이 다 끝나면 꼬리를 물고 이어지는 형태다. 특히 초장과 2장 사이, 2장과 3장 사이, 3장과 4장 사이에는 거의 한 장단에 비교되는 긴 연음으로 장과 장 사이를 연결하여 더 한층 연음의 독특한 형식을 보여준다.

연음은 수제천에만 있는 게 아니다. 서양음악에도 얼마든지 있다. 카논형식이 아니라도 그렇다. 서양음악을 들을 때 조금만 신경 쓰면 금세 알아차릴 수 있다. 가령 차이코프스키의 교향곡5번을 들어본다고 하자. 한 가락을 오보에가 연주하면 클라리넷이 받고, 그 다음 바이올린이 받아 연주한다. 현대음악 옹호론자들은 이런 서양음악의 형태를 빨랫줄이라고 혹평하기도 한다. 빨랫줄에는 여러 가지 옷들이 너덜너덜 걸려 있다. 음악도 같은 것을 계속 반복하고 있으니 하는 소리다. 소나타를 볼 때 주제가 계속적으로 연주되는 것도 같은 맥락이다.

아파트 창밖으로 꼬리를 물고 이어지는 자동차의 행렬을 바라보노라니 문득 이 곡의 연음이 떠올랐다. 앞차가 가니 뒤차가 물 흐르듯 따라간다. 차량의 흐름도 연음처럼 이어진다면야 불행한 사고를 막을 수 있을 것이다. 그런데 그러지를 못하니 안타깝다. 운전을 할 때마다 아슬아슬함을 느낄 때가 많다. 성급하게 이리저리 헤집고 다니며 끼어드는 차를 볼 때 등줄기에 식은땀이 흐른다.

참을성 없고 저돌적인 현대인들에게 이 곡을 듣도록 권하고 싶다. 그렇다면 거친 운전 솜씨도 많이 수그러질 것 같다. 장엄하게 울려지는 저 음악처럼 운전도 곡예로만 할 것이 아니라 앞차가 가면 뒤차가 물 흐르듯 따라 연음처럼 흐르면 어떨까. 음악처럼 좀 느긋했으면 좋겠다. 오늘 아침 뉴스에도 고속도로에서 펼쳐진 추돌사고의 끔찍한 모습이 화면을 가득 채운다. 안개 낀 도로 위에 안전거리만 지켜 줬더라면 저러한 사고는 일어나지 않았으리라.

난 운전을 할 때 안전거리를 지키려 노력하는 형이다. 때로는 끼어드는 차량이 얄밉기도 하지만 앞차와의 거리를 최대한 지키려 노력한다. 그래서인지는 몰라도 30년 넘은 운전경력이지만 아직 추돌사고를 낸 적이 없다. 안전거리만 지켜준다면 대형 사고는 피할 수 있을 것 같다. 운전도 수제천의 연음처럼 할 수는 없는 걸까.

연음은 대인관계에도 필요하다. 대화를 하다 보면 끼어드는 자들이 의외로 많다. 상대방의 말을 다 들으려 하지 않고 가로채 들어온다. 이런 사람과 대화를 나누면 짜증이 난다. 대화도 물 흐르듯 연음처럼 흘러야 맛이 난다. 우리나라는 가정이나 학교 현장에 토론문화가 정착되어 있지 못하다. 토론을 하려면 상대방의 말을 우선 끝까지 들을 줄 알아야 한다. 그 다음에 자기 의견을 논리에 맞춰 개진하면 된다.

일전엔 시골 둘째 누님이 감을 따 놓았다고 가져가라는 전갈이 왔다. 시내에서 사먹어도 될 일이지만 오랜만에 얼굴도 볼 겸 찾아

갔다. 팔순 지난 누님이 감이며 호박, 무 등을 그득 챙겨주신다. 농약을 거의 치지 않았다니 자연산이나 다름없겠다. 챙겨주시는 모습이 고맙기 그지없다. 몇 년 전 자형마저 돌아가시고 혼자서 외롭게 사시면서 농사를 짓고 계신다. 서울에 살고 있는 큰아들이 모시려 하지만 굳이 시골을 떠나고 싶지 않단다. 근처에 사시는 큰누님 댁까지 둘째 누님을 모시고 갔다. 따끈한 점심을 사드렸더니 고마워 한다. 이제 생의 종착역에 다다른 것 같은 누님들의 얼굴을 볼 때마다 난 연음을 떠올린다. 하나님의 질서를 누가 알랴만, 욕심 같았으면 칠순 중반의 셋째 누님을 포함하여 우리 사남매가 연음처럼 이 세상을 살다 갔으면 한다. 그게 자연의 순리겠지만 태어나는 데는 순서가 있어도 죽는 데는 순서가 없다고 하니 기다려 볼 수밖에…….

작은 음악회

창밖에는 눈이 소담스럽게 쌓이고 있다. 이렇게 많은 눈이 내리는 것은 몇십 년 만에 처음이란다. 강아지 한 마리 뛰놀지 않는 도심은 질주하던 차량도 거북이걸음이다. 한적한 골목길, 아담한 집 안 창가에는 대낮인데도 내리는 눈으로 인해 환하게 불이 켜져 있다. 아코디온 하우스, 실내에 들어서자 웃음소리와 피아노 소리가 한바탕 어우러진다. 타오르는 난로 가엔 뒤집어쓴 눈을 털며 사람들이 서있다. 왁자지껄한 모습이 크리스마스이브에 펼쳐지는 오페라 라보엠의 주인공들 같다.

음악대학 동문들의 모임이다. 1회 졸업생부터 10회까지 모임을 만들어 '계명하나회'라 명칭하고 일 년에 한 차례 모인다. 올해는 눈으로 인해 많은 동문들이 오지를 못했다. 그러나 얼굴마다 웃음꽃이 만발한다. 이젠 거개가 현직에서 물러났지만 음악이란 아름다움이 주는 테두리 안에서 살아가는 때문인가 동안童顔 같은 싱그러움을 뿜어내고 있다. 고전음악이란 아직 대중화 되어 있지 못했던 그 때, 가난하고 힘들었지만 음악을 공부한다는 자부심 하나로 똘똘 뭉쳤던 그 시절의 동문들이다.

지금은 음악공부 하기가 얼마나 좋은가. 악보며 각종 음악 관련 매체가 홍수처럼 넘쳐나는 시대다. FM라디오만 하더라도 하루 종일 클래식 음악이 흘러나온다. 제 하기 싫어 못하지 자기발전을 위해 무한히 노력할 수 있다. 그러나 그 때는 악보 하나 구하기도 힘들었다. 어쩌다 LP레코드판 하나를 구하면 밤새워 듣고는 했다. 대학의 음악연습실은 또 얼마나 열악했던가. 먼저 차지하기 위해 새벽잠 설치고 달려가고는 했었다. 지금 생각하면 구닥다리 같은 생활이었다.

이번 모임은 회장이 아이디어를 짜내어 그냥 모이기보다 즉석에서 작은 음악회를 만들기로 했다. 우리 모임을 축복이라도 하듯 창밖에는 눈이 펑펑 쏟아지는데 활활 타오르는 난로 가에 앉아 음악회를 가진다는 게 얼마나 낭만적인가. 휘황찬란한 무대조명이나 화려한 의상은 없어도 좋다. 음향시설이 좀 미비하면 어떻단 말인가. 마음과 마음이 녹아내리는데…….

먼저 이 모임의 회장이요 작곡가인 L동문이 대학시절 은사인 고

김진균 교수의 대표가곡 '또 한 송이의 나의 모란'을 불렀다. 숙연한 감동이 모두의 가슴에 엄습한다. 도수 높은 뿔테 안경 너머로 우리들을 바라보며 강의하시던 모습이 선하다. 메조소프라노인 K동문은 이수인의 가곡 '내 맘의 강물'을 정성스럽게 불렀다. 목소리를 얼마나 관리를 잘했는지 학창시절이나 진배가 없다. 이어 광주에서 먼 길을 달려온 테너 P동문은 칠순을 훨씬 넘긴 나이에도 노익장을 뽐내며 두 곡의 가곡을 열창했다. K동문의 작품인 '기다림은 별빛같이'와 김동환의 '그리운 마음'이다. 피아니스트인 S동문은 반주에 이어 쇼팽의 마주르카와 왈츠 곡을 열연했다.

회장이 대구 출신의 작곡가를 회상하며 윤복진 작사 박태준의 가곡 '아 가을인가'를 함께 부르자고 했다. 이 곡은 나운영의 가곡 '아 가을인가'보다 먼저 작곡된 곡이다. 그러나 나운영의 곡이 많이 불리어진 것은 박태준의 곡은 훨씬 애상을 띤 곡이지만 작사자 윤복진이 월북했기 때문에 금지되었었고, 나운영의 곡은 같은 작사자이지만 김수경이라는 또 다른 이름으로 작사되어 있어 제재가 없었기 때문이다.

윤복진의 시 가운데 이런 것이 있다.

'창밖에 비바람 불 때면 내 마음 날개 타고
정든 님 손잡고 거닐던 강가를 헤맨다.
그리운 내 님이여 내 너와 떠나던 날
말없이 언덕에 앉아서 강물만 보았지.'

고향에서 자랄 때 교회학교에서 가르쳐주시던 윤복만이라는 분이 있었다. 그 분은 대구 제일교회 출신이었다. 그분에게서 이 노래를 배웠는데, 그는 이 노래를 부를 때면 언제나 울고는 했었다. 그때는 시가 너무 좋아 우는가 했는데 훗날 윤복진이 그분의 오빠라는 사실을 알고 흘리던 눈물임을 이해할 수 있었다.

작곡자 안기영이라는 분이 있다. 그 분은 1900년생이니 박태준과는 동시대 인물이다. 그는 작곡가 겸 성악가로 충남 청양 출신이다. 그도 6·25 때 월북하므로 인해 그의 곡들은 금지되었었다. 월북 후 그는 평양음악무용대학 교수로 있다 1980년에 작고했다. 윤복진이나 안기영이 해금됨으로 인해 지금은 그들의 곡을 부를 수 있다. 회장이 그를 생각하며 어릴 때 불렀던 동요 '그리운 강남'과 가곡 '작별'을 같이 부르자는 제안에 같이 불렀다. 김진균 교수를 생각하며 다 같이 부른 '또 한 송이의 나의 모란'은 조용히 가신 분을 더욱 떠올리게 만들었다.

작은 음악회는 그렇게 끝이 났다. 활화산처럼 타오르던 청춘의 열정은 식었지만 여운은 산 그림자처럼 짙게 우리들 가슴에 드리웠다. 국적과 호적은 바꿀 수 있지만 학적은 바꿀 수 없다는 S동문의 재기 어린 농담에 우린 웃음보를 터트리고 말았다.

후끈 달아오른 열기를 식히고자 문을 열었다. 창밖엔 함박눈이 여전히 내리고 있다.

크레센도 인생

크레센도crescendo란 이탈리아어로서 음악에 쓰이는 용어이다. 지시하는 일정부분을 점점 세게 연주하라는 뜻이다. 이는 음악 표현의 중요한 테크닉 중 하나이다. 레가토한 노래에 있어서는 뺄 수 없는 음악 표현 기법이다.

언제부터인지는 몰라도 나는 이 말을 무척 좋아하게 되었다. 음악의 표현도 표현이려니와 내 삶에서도 매력적으로 느껴졌기 때문이다. 현장에 있을 때는 수업시간 학생들에게 정신적으로 무척 강조하기도 했다.

사회학적으로 계층이동이라는 게 있다. 즉 태어났을 때의 위치와 인생을 살아가면서 삶의 위치가 어떻게 달라지는가를 일컫는 말이다. 사람들에게는 누구에게나 상향이든 하향이든 이 현상이 나타난다. 흔히 '개천에서 용 났다'라는 표현은 상향적 이동의 대표적인 표현이라 하겠다. 태어났을 때는 하류계층에서 태어났다 해도 본인의 노력에 의하여 일시에 계층이 상향될 수 있기 때문이다. 이것이 바로 경쟁적 이동이다. 우리 사회는 공부가 이의 중요한 수단이 될 수 있고, 결혼 또한 커다란 변수가 될 수 있다. 그러기에 여성들은 너도나도 신데렐라가 되고 싶어 하는지도 모른다. 그렇게 되면 일시에 계층의 상향적 이동이 이루어진다. 내가 이것을 좋아하는 이유가 바로 여기에 있다.

약弱을 서러워하면 강强의 의미를 맛볼 수 없다. 약한 데서부터 점점 강하여지는 것 얼마나 짜릿한 기분인가. 테너 탈리아비니가 아리아 '남몰래 흐르는 눈물'에서 보여주는 크레센도는 가히 일품이다. 강强에서의 강强은 별 의미가 없다. 유복한 집안에서 태어난 사람이 유복하게 산다는 것과 마찬가지 의미다.

케이블 티브이에서 우연히 '코러스'란 영화를 본 적이 있다. 처음부터 본 것은 아니지만 보는 순간 깊이 빠져들게 되었다. 학교는 정규학교가 아닌 것 같고 청소년 교정원 같은 곳이었다. 그런 학교에 음악 선생 마티유가 부임하게 된다. 그는 문제아들을 어떻게 가르칠까 고민하다 교내 합창단을 만들었다. 합창지도를 하다 문제아 몽항주가 천상의 목소리를 갖고 있다는 사실을 깨닫는다. 합창단에 대한 학교의 갖은 반대에도 불구하고 그는 그 아이가 자기의 재능을 깨닫고 자기 길을 개척해 나가도록 혼신의 힘을 기울인다. 그 결과 아이는 문제아에서 탈피하여 음악의 대가가 된다. 이것이 바로 우리들 삶 속에 주는 크레센도의 묘미다.

난 가난한 농가에서 태어났다. 가난도 서러운데 아버지마저 얼굴도 알아보지 못할 어린 나이에 여의었으니 모든 것은 내 힘으로 일어설 수밖에 없었다. 어머니의 일손을 도우며 어렵게 학업의 길을 개척해 나가야 했다. 부모 잘 만나 번듯이 공부하는 친구들이 한없이 부러웠다. 학창시절은 주경야독晝耕夜讀의 때였다고 해도 지나친 말이 아니다. 공부하랴 일손 도우랴 이중의 생활을 감당해야 했다. 농촌생활의 어려움을 겪었기 때문인가, 지금도 밭뙈기 하나 사서 일해 보라는 친구의 권유가 선뜻 받아들여지지 않는다.

그러나 어려운 그 시절이었지만 꿈은 잃지 않았다. 책상머리에 푸슈킨의 시구를 걸어 놓고 야망을 불태웠다.

'삶이 그대를 속일지라도 슬퍼하거나 노하지 말라 -중략- 현재는 언제나 슬픈 것, 그러나 인간은 항상 미래에 사는 것, 모든 것은 일순에 지나간다. 지나간 것은 늘 그리워진다.'

이 시를 암송하노라면 모든 고통은 사라지고 광명이 내 앞에 펼쳐지는 듯했다. '내게 능력 주시는 자 안에서 내가 모든 것을 할 수 있다'는 성경말씀과 더불어 영어문구 하나가 흔들리는 내 삶을 붙들어 주었다.

‘Persevere, and you will succeed. Persevere, or you will fail.’

기독교 교육을 받고 자란 때문일까, 어릴 적부터 성경 안에서 살고자 노력하며 꿈을 잃지 않은 게 오늘의 나의 삶을 있게 한 동인이 되지 않았을까 생각한다.

내 삶을 돌이켜보면 커다란 크레센도를 이루었다고 말할 수 없을 것 같다. 판검사나 정치가가 되어 권력을 휘둘러 본 바도 없고, 내 전공분야에서도 두각을 나타내지는 못했다. 더더구나 사회에 족적을 남길 만한 큰일을 이룬 것도 없다. 그저 평범한 한 시민으로서, 학교에서는 선생으로 내 할 일을 마쳤으니 자그마하게나마 이것을 이루었다고 말할 수 있겠다.

화음和音과 화성和聲

화음이란 높이가 다른 두 개 이상의 음이 동시에 울릴 때에 서로 합성되는 음을 말한다. 즉 화성의 시간적 단위를 뜻하는 것이다. 이를 일러 코드chord라고도 한다. 이에 반해 화성이란 코드와 코드가 일정한 연결법칙에 의해 결합한 것을 일컫는다. 화음이 개별성이라면 화성은 단체성이라고 할까. 이를 리더십에 비유하여 생각한다면 전자를 과업지향적, 후자를 관계지향적이라고도 말할 수 있겠다. 또 사람의 성격과 대조하여 굳이 말한다면 전자를 독불장군형, 후자를 화합형 인간이라 말하고 싶다.

사람의 혈액형이 여러 가지 있고 그에 따른 성격적 특징이 다르게 나타나듯이 화음도 여러 가지가 있고 성격 또한 가지각색이다.

밝은 것이 있나 하면 어두운 것이 있고 위축되는 것이 있나 하면 넘치는 것도 있다. 화성은 이 별난 성격의 화음을 잘 다스려 아름다운 음악으로 일구어 나간다. 마치 화성은 바다 같고 따뜻한 어머니의 품과 같다. 만약 화성이 개체성 강한 화음을 넉넉한 마음으로 받아주지 못한다면 음악은 만들어질 수 없으리라.

거울을 보며 내 성격이 화음적인가 아니면 화성적인가를 자주 생각해 본다. 그때마다 아무리 생각해도 개성 강한 내 성격은 화음적일 것 같다. 짙은 눈썹 아래 호랑이 눈같이 이글거리는 두 눈이 이를 증명하고도 남는다. 어머니가 나를 잉태하셨을 때 꾼 태몽이 호랑이였다지 않은가. 바위 너른 계곡에서 빨래를 하고 있는데 갑자기 호랑이가 나타나 어머니의 겨드랑이로 머리를 밀고 들어와 젖을 빨더란다. 자랄 때 늘 들려주시던 얘기다. 그래서 그런지 참을성이 한계에 다다르면 이성을 잃고 내 안의 사나운 호랑이가 허연 송곳니를 드러낸 채 밖으로 표출하고 만다. 아폴론이 디오니소스에 의해 제압되는 순간이다.

군에 근무할 때 군목님은 이런 나를 가리켜 베드로라고 했다. 왜냐하면 내가 근무하던 육군병원교회에는 많은 환우들이 있었다. 그중에 김 모 중위는 신도회 회장을 맡고 있었는데 그도 성격이 대쪽 같아 교회 운영 문제를 두고 늘 나와 부딪히고 했던 거다. 칼과 칼이 마주치니 불꽃이 튈 수밖에. 성서에 나오는 베드로는 불같은 성격의 소유자였다. 예수님이 겟세마네 동산에서 잡히시던 밤 그는 칼을 빼어 대제사장의 종인 말고의 귀를 잘라버렸다. 그 때 예수님은 베드로를 향하여 말씀하셨다.

"이것까지 참아라."

참을 수만 있다면 만사형통이다. 인간관계도 깨질 리가 없다. 대화에서 완곡어법을 구사하는 친구가 부럽다. 어딘가 개성 없고 무미건조한 것같이 보이지만 그런 친구로 인해 관계는 지속된다. 단선적이고 직설적인 것보다 말에 기름을 친 듯 부드럽고 감미로운 어법을 구사할 줄 아는 친구가 화성적이라 할 수 있겠다. 자기를 다스릴 줄 아는 자는 성을 빼앗는 용사보다 강하다고 했는데 아무리 생각해도 이런 면에서는 난 졸장부인가 보다.

그러나 한편으로 생각해 보면 이러한 성격이 장점도 있다고 생각한다. 우리 사회에 모두가 화성적이라면 변화는 누가 이끌 것인가. 불협화음不協和音이 있어야 아름다운 음악이 만들어지듯이 단순무식 화끈한 성격의 소유자가 있어야 이 사회를 변화와 개혁으로 이끌어 갈 수 있으리라. 서로가 역지사지易地思之로 관계만 생각한다면 과업은 미루어지고 만다. 협화음協和音만 있으면 음악은 아름다울 것 같지만 꼭 그렇지만은 아닌 것과 같다. 그렇다고 모두가 불협화음만 되면 안 된다. 때로는 거친 불협화음이 들려도 화성은 유려하게 흘러가듯이 이 사회도 화성적 소유자가 많으면 된다. 너른 바다가 육지의 모든 더러운 것들을 받아들여 용해하듯이 말이다. 그러기에 화성[harmony]을 일컬어 우주의 질서라 한 모양이다.

영혼의 소리

TV드라마가 주는 위력은 막강한가 보다. 인기리에 방영된 <베토벤 바이러스>가 그걸 말해주는 것 같다. 공연이든 음반이든 베토벤 이름만 붙으면 날개 돋친 듯 팔려나가는 기현상이 일어나고 있다니 말이다.

서울시향의 송년음악회 베토벤의 9번 교향곡 <합창> 공연은 한 달이 넘게 남았는데도 벌써 좌석이 전석 매진된 상태다. 그런 현상은 KBS교향악단의 <합창> 교향곡 연주도 마찬가지다. 코리안 심포니 오케스트라도 베토벤의 5번 교향곡 <운명>과 슈베르트의 8번 <미완성>, 챠이코프스키의 교향곡 6번 <비창>을 묶어 연주하는데, 올 네 차례 연주회 중 판매율이 가장 높다. 이러한 것은 TV드라마에 교향곡이 소개되면서 반응이 더욱 뜨겁게 나타나는 현상이다.

음반의 경우도 사정은 비슷하다. 음반사 유니버설 뮤직 코리아는 그 드라마에서 연주되거나 소개된 클래식 음악을 중심으로 구성한 음반이 발매 한 달 만에 3만 6,000장 판매되었다니 대단하지 않은가.

베토벤은 어떤 인물이기에 그러한 흥행을 가져올까. 연전 유럽을 여행하면서 독일 '본' 시를 찾아 베토벤 생가도 둘러보았고, 그가 음악의 활동 무대로 삼았던 오스트리아의 '빈' 시를 찾아 교외에 있는 그의 집을 방문할 수 있는 기회도 얻었다. 그 때 베토벤이 살던 집 근처 산길을 걸으면서 베토벤이 그 길을 걸으며 구상했을 음악적 정경도 떠올린 바가 있다.

베토벤하면 떠오르는 첫 인상은 더벅머리에 귓병이다. 그의 고질적 귓병은 결국 그로 하여금 청력을 상실하게 만든다. 오죽 답답했으면 자살하려 <하일리겐시타트>의 유서까지 썼을까. 그가 32세였던 1802년에 쓴 유서에 의하면 '나는 요 6년 이래 이 불치의 병으로 괴로워하고…….'로 되어있다. 멜쩰이 발명한 나팔형의 보청기를 귀에 대고 들었으나 1810년경부터는 그것도 집어치우고 필담만으로 의사를 소통했다. 그가 말년에 완전히 귀가 먹은 후 쓴 <합창> 교향곡은 평생의 의욕을 불태운 대작으로 퀼른트나트아 극장에서 초연 시 청중의 열광과 박수소리를 듣지 못해 독창자인 웅가르가 소매를 당겨 청중의 갈채를 보여주었다는 일화가 있다.

미술은 보이는 대상을 그리고, 소설이나 시는 작가의 주관적 관점에서 스토리를 전개하면 된다. 이 때 미술이나 문학은 청력이 필요하겠지만 음악만큼 절실히 필요치 않다고 본다. 음악은 소리가 대상이다. 소리를 들을 수 없다는 것은 치명적이다. 특히 자연의 소리는 음악의 필수요소가 된다. 베토벤이 1807년경에 쓴 <전원> 교향곡은 그가 치명적으로 귓병을 앓던 시기에 쓴 작품이다. 한 편의 그림을 보는 것 같은 표제 음악적 성격을 띠고 있는 이 작품을 보면 자연의 소리가 얼마나 음악에 소중한가를 깨닫게 된다.

그가 쓴 필생의 역작 <합창> 교향곡은 귀로는 듣지 못할 영혼의 소리를 듣고 쓴 게다. 그는 오케스트라의 악기들이 울려주는 소리를 마음으로 들은 것이다. 그 모든 소리를 들을 수 있었던 것은 관현악법의 대가였기에 가능했겠지만, 한편으로 육체적 귀가 닫히는 순간 영혼의 귀가 열렸던가 보다. 그의 귀가 청력을 상실하지 않았을 때는 귀족의 딸들로부터 사랑과 실연의 말만 들을 수 있었다. 하지만 귀가 닫히는 순간 그 모든 것은 사라지고 영혼의 소리만 들을 수 있었던 것 같다. 장애를 넘어 이룬 그의 쾌거였기에 우리는 그를 악성樂聖이라 주저 없이 부른다.

사람들은 소리를 청각을 통하여서만 듣는다. 그러나 사람들 중에는 육체적으로 들을 수 없는 소리를 듣는 자들이 있다. 소크라테스의 아버지는 석공이었다고 한다. 그에게 어떻게 사자를 그토록 우람하게 조각할 수 있느냐고 사람들이 물었다. 그가 말하기를, 사자가 속에서 끌어내어 달라고 소리치는 것을 듣고 자기는 끌어내어 준 것밖에 없다고 하더란다. 하찮은 돌을 보고도 돌이 부르짖는 소리를 들을 수 있는 귀, 그것이 바로 영혼의 소리를 들을 수 있는 귀다. 육체적으로 들을 수 없는 소리를 성서에 나오는 모세나 선지자들, 바울은 바로 그 소리를 직접 들을 수 있었던 자들이다. 모세는 그 소리를 들을 수 있었기에 히브리인들을 출애굽 시킬 수 있었고 선지자들은 백성을 지도해 나갈 수 있었다. 핍박자 바울은 다메섹 도상에서 그를 찾는 예수님의 목소리를 듣고 개심하여 기독교를 전 세계에 알리는 데 일등 공신이 된다. 장애인 시인 송명희는 "난 남이 보지 못한 것을 보았고 남이 듣지 못한 소리를 들었다."고 고백한다. 그녀는 육신의 눈을 통하여 사물을 본 것이 아니라 영혼의 눈을 통하여 보았고, 육체적으로 들을 수 없는 소리를 영혼의 귀를 통하여 들을 수 있었다. 육체적 귀로 들을 수 있는 것은 살인, 강도, 강간 등 온갖 찌든 세상사들이다. 그러나 영혼이 들려주는 소리는 맑고 깨끗하다. 그러므로 육체보다 마음으로 들을 때가 더 위대한 소리가 될 수 있는가 보다.

늦은 밤, 잠이 오지 않아 뒤척일 때면 내면의 세계에서 가만히 울려나오는 영혼의 소리를 들으려 한다. 지난날의 삶이 활동사진처럼 스쳐 지나간다. 잘못된 삶에 대한 회한에 베갯잇이 젖어든다. 이럴 때 난 그 소리를 듣는다. 비록 베토벤이나 송명희가 들었던 맑은 영혼의 소리가 아니라도 내게는 귀하고 보배로운 것들이다.

발문

통섭의 예술인, 청목青木

— 전윤권 수필집 『내 맘에 흐르는 강』에 부쳐

장 호 병

| 수필가, ≪문장≫ 주간 겸 발행인 |

음악이 청각에 호소하는 데 반해 문학은 시각에 호소한다. 백문이불여일견百聞而不如一見이란 말은 보여주는 것이 확실한 설득방법이란 뜻이다. 제대로 본다는 것이 그리 쉬운 일인가. 몸을 본다고 하자. '몸'은 '모음'에서 온 말이다. 몸에서 무엇을 볼 수 있단 말인가. 머리와 손발을 비롯한 신체의 각 부분이 모인 것은 보면서 그 속에 깃든 마음이나 생각을 보기는 쉽지 않다.

시각은 그 완벽성에도 불구하고 직진성 때문에 물리적 장애물 앞에서는 속수무책이다. 하지만 청각은 다소의 감도 차이가 있긴 하지만 굴절성으로 보이지 않는 부분까지 읽을 수 있다. 제대로 본다는 것은 드러난 현상은 물론 드러나지 않은 세계까지 꿰뚫어야 한다는 점에서 시각과 청각, 문학과 음악은 난형난제라 하겠다.

청목 전윤권 사백詞伯께서 수필집 『내 맘에 흐르는 강』을 상재한다. 청목 사백은 문인이기 전에 평생을 음악교사로 봉직한 성악가이다. 문학과 음악을 저울질한다면 어느 쪽으로 기울까? 노벨상이 있다 하여 문학이 우위의 장르라 할 수는 없다. 청목에게 있어서도 문학과 음악 역시 난형난제라 하겠다. 청목은 문학활동을 외도라 여긴다고 했지만, 그의 음악인생이 문학활동에서도 크게 꽃피우고 있음을 볼 수 있다.

표현 방법은 다르지만 예술적 표현의 기본은 다르지 않음을 바탕으로 청목의 수필은 서로 다른 장르를 넘나들면서 음악은 시각화하고, 문학은 청각화함으로써 인생의 의미를 새롭게 조탁하였다.

> 수필은 내게 있어 옷과 같다. 옷이 벌거숭이 내 몸을 감싸 나를 보호해 준다면 수필은 가난한 내 영혼을 감싸 안고 보담아 준다. 내 몸에 맞고 보기 좋은 옷을 입었을 때의 짜릿한 쾌감처럼 마음 우러나온 한 줄의 글이 써질 때는 하늘에 떠다니는 구름이 된 듯한 느낌이 든다.
>
> (…중략…) 기초화장만 살짝 한 순수함 그 자체다. 언어의 옷을 걸치지만 수다스럽지가 않다. 화려한 미사여구보다는 수더분하고 진실된 삶의 한 마디가 독자의 심금을 울린다.
>
> —「옷과 수필」 중에서

이 수필집은 작품의 성격에 맞추어 네 개의 파트로 나누어져 있다. 청목이 위에서 보여주는 수필론과 궤를 같이한 작품 편편에서 독자들은 '사람의 목소리와 가장 닮아 있다는 첼로 소리'를 듣고, 한편으로는 '어머니가 끓인 된장국 맛'을 느끼게 될 것이다.

교육자와 기독교인으로서의 인생관과 음악인으로서의 일상이 하나로 어우러진 작품들이기에 어떤 여과장치를 사용하더라도 큰 차이는 없겠지만, 본고에서는 음악인으로서의 렌즈에 초점을 맞추어 삶과 문학을 살펴보고자 한다. 음악에 문외한인 필자가 잘못 거른다 할지라도 넓은 이해를 바란다.

□ 크리센토

인생은 B(birth)에서 D(death)까지이며 그 가운데 C(choice)가 있다. 무수한 선택이 우리 앞에 놓여 있지만 B와 D만큼은 우리의 의지로 결정할 수 있는 문제가 아니다. 은숟갈 물고 태어났다고 마냥 좋아할 일도, 끼니를 걱정하는 가난한 집안에서 태어났다고 비관할 일도 아니다. '누구에게나 상향이든 하향이든 삶의 위치는 바뀌는 것'이다. 선택과 노력을 통해 끊임없이 신분상승을 꾀해야 하는 것이 삶이기 때문이다.

> 푸슈킨의 시를 암송하노라면 모든 고통은 사라지고 광명이 내 앞에 펼쳐지는 듯했다. '내게 능력 주시는 자 안에서 내가 모든 것을 할 수 있다'는 성경 말씀과 더불어 영어 문구 하나가 흔들리는 내 삶을 붙들어 주었다.
>
> 'Persevere, and you will succeed. Persevere, or you will fail.'
>
> —「크레센도 인생」 중에서

가만히 들어보니 이 곡의 4악장이었다. 염치불구하고 군인 특유의 정신을 발휘하여 초인종을 눌렀다. 그랬더니 미모의 아가씨가 나왔다. 다짜고짜 내 신분을 말하고 들어가 같이 음악을 들을 수 없느냐고 우겼다.

난데없이 나타난 군인을 어떤 아가씨가 집 안으로 맞아들이겠나. 난 퇴짜를 당하고 말았다. 그 대신 골목 어귀에 서 있을 테니 4악장을 처음부터 크게 틀어달라고 우겼다.

—「길동무」 중에서

크레센도는 일정부분을 점점 세계 연주하라는 음악 표현의 한 방법이다. '가난도 서러운데 아버지마저 얼굴도 알아보지 못하는 나이에 여의'어서 혼자힘으로 일어설 수밖에 없었던 저자에게 크레센도는 분명 매력적으로 느껴졌을 것이다. 결코 녹록지 않은 삶에서 크레센도를 유지할 수 있었던 것은 '성경 안에서 살고 꿈을 잃지 않'겠다는 의지였다. 베토벤의 교향곡 제9번 '합창' 또한 그의 크레센도 인생의 든든한 길동무가 되었다. 그리고 그의 크레센도는 채우는 데만 목말라하는 것이 아니라 끝없이 진행 중이다. 형이상학적 자아완성에로의 길 한가운데는 여전히 성경 말씀과 음악이 큰 버팀목이 되고 있음을 부인할 수 없다.

횡경막 이상의 사랑과 횡경막 이하의 사랑을 굳이 사랑 한 곳에만 국한시킬 것이 아니라 삶의 전반적 모습에 대비시켜 보고 싶다. 이를 두고 에릭 프롬의 말을 빌리면 존재적 삶이냐 소유적 삶이냐가 되겠고, 법정의 말을 빌리면 무소유냐 소유냐가 되겠다.

예수는 이를 가리켜 삶의 목적을 하늘에 두라고 하셨다. 즉 위엣 것을 바라보고 아랫것을 사모치마라 하셨다. 프롬이나 법정, 예수가 말한 이러한 것들은 한마디로 요약하면 인간의 삶의 궁극적 목적은 횡경막 이상이 되어야 한다는 거다.

—「횡경막 이상의 인간, 횡경막 이하의 인간」 중에서

한때는 필명을 일송一松이라 부르고 싶었다. 푸른 언덕에 고고히 서 있는 한 그루 소나무의 기개를 담기 위해서다. 세상 정욕에 휩쓸리지 않고 푸름을 자랑하는 소나무야말로 생각만 해도 멋지지 않은가. 겨울에 하얀 눈을 덮어 쓰고 있으면 그 또한 장관이다. 그렇지만 너무 고고할 것 같고 외로울 것 같아 그 필명은 쓰지 않기로 했다.

그 대신 요즘은 청목靑木이라 쓴다. 청목이라 함은 소나무의 정신을 본받고자 함이다. 육체적으로나 정신적으로 늘 푸르게 산다는 것은 귀중한 일이다. 남에게 피해를 주지 않고 자기만의 삶을 산다는 것 얼마나 중요한가. 난 소나무와 같은 삶을 닮아가기를 원한다.

—「소나무」 중에서

새가 자신의 이름을 부르면서 울듯, 청목은 손수 자신의 필명을 지었다. 일송이든 청목이든 그는 소나무의 기개를 사랑할 뿐만 아니라 이미 소나무를 닮아 소나무처럼 살고 있다. '소나무는 잎을 갈더라도 눈치 채지 못하게' 사계절 내내 끈질기게 잎을 갈아치운다. 화가 나도 '바람에 가지 한 번 흔들 뿐'이라는 소나무의 비범한 절제와 '밖으로 표출하고 싶은 감정을 속으로만 묻'는 소나무의 나이테를 청목은 사랑한다. 그가 추구하는 인생의 크레센도가 어디까지인지를 보여주는 대목이다.

□ 화음과 화성

화음이란 높이가 다른 두 개 이상의 음이 동시에 울릴 때에 서로 합성되는 음을 말한다. 즉 화성의 시간적 단위를 뜻하는 것이다. 이를 일러 코드chord라고도 한다. 이에 반해 화성이란 코드와 코드가 일정한 연결법칙에 의해 결합한 것을 일컫는다. 화음이 개별성이라면 화성은 단체성이라고 할까. 이를 리더십에 비유하여 생각한다면 전자를 과업지향적, 후자를 관계지향적이라고도 말할 수 있겠다. 또 사람의 성격과 대조하여 굳이 말한다면 전자를 독불장군형, 후자를 화합형 인간이라 말하고 싶다.

<…중략…>협화음協和音만 있으면 음악은 아름다울 것 같지만 꼭 그렇지만은 아닌 것과 같다. 그렇다고 모두가 불협화음만 되면 안 된다. 때로는 거친 불협화음이 들려도 화성은 유려하게 흘러가듯이 이 사회도 화성적 소유자가 많으면 된다. 너른 바다가 육지의 모든 더러운 것들을 받아들여 용해하듯이 말이다. 그러기에 화성[harmony]을 일컬어 우주의 질서라 한 모양이다.

—「화음과 화성」 중에서

음악가들은 응용수학의 대가들이다. 음의 고저, 장단, 강약의 정확한 비례에 화음이나 화성과 같은 적확성을 몸이 시키는 대로 실행하는 사람이 음악가들이다. 청목의 삶 역시 미루어 짐작컨대 정확과 적확의 꼬장꼬장한 선비정신에서 벗어나 있지 않을 것이다. 그럼에도 불협화음을 용인하여 더 아름다운 음악을 만들듯이, 그도 때론 일탈을 꿈꾸기도 하고, '나'와 다른 '타자'를 수용한다. 청목 사백의 삶과 문학이 빛나는 것은 이런 서로 다른 원칙들이 균형과 조화를 이루어 나가는 데 있음을 알 수 있다.

내가 촌놈인 것은 살고 있는 동네만 보더라도 더욱 그러하다. 상동에 살 때는 신천 변에 살았다. 아무래도 고향 강물이 그리워서 그러했을 게다. 그러다 만촌동으로 이사를 했다. 아파트가 산속에 들어가 있어 이름 그대로 산장 같은 곳이었다. 여름날 문만 열면 개구리 소리가 들리고 뻐꾹새며 소쩍새 울음소리가 구슬펐다. 그러다 집 앞으로 대로가 나기에 소리가 시끄러울 것 같아 이사를 가게 되었다. 간다는 게 하고 많은 곳 다 두고 비행기 소리 요란한 방촌동으로 가게 될 줄이야. 그렇지만 고향을 돌아오는 물이 합쳐진 금호강이 옆에 있어 너무나 좋았다. 생명의 강이 옆에 흐르고 있으니 그깟 비행기 소리쯤은 문제될 것이 없었다. 방촌생활 10년을 접고 이사를 한다는 게 다시금 만촌동으로 오고 말았다. 그러기에 村자는 내게 숙명인가 보다. 외가도 압량면 신촌리인 것을 보면 더욱 그러하다.

농촌생활의 어려움을 알기에 귀농이나 귀촌은 생각조차 해본 적이 없다고 했지만, 숙명처럼 저자의 둥지는 늘 村자가 붙은 곳에 틀었다. 몸은 도시에 있어도 촌놈을 자처하면서 마음만큼은 순박한 촌에 두겠다는 심중과 일치하는 우연이 범상치 않다.

석가는 나의 모습을 天上天下천상천하 唯我獨尊유아독존이라 말한다. 우주 사이에 나보다 존귀한 것은 없다는 말이다. 나의 전생의 모습이 짐승이었건 왕자였건 그것이 문제가 아니라 오늘의 내가 가장 존귀한 모습이라는 거다. 오늘의 내 모습에 의미를 부여하자. 이 땅에 태어난 것이 알로서 왔건 하나님의 형상으로 왔건 그것도 굳이 따질 필요가 없다. 사람으로 태어났으니 사람답게 살다 가면 된다. 그런데 사람답게 산다는 것이 참으로 어렵더라. 어떻게 사는 것이 사람답게 사는 걸까.

—「이 뭣고?」 중에서

청목 사백은 독실한 크리스천이다. 그럼에도 불구하고 그는 민속학적, 생태학적 생의 시발점을 존중한다. 때론 기독교 정신과는 배치될 수도 있는 범신론적 생각이나 불교적 윤회사상조차 아우른다. 「그대는 꽃인 양」에서는 풋사과 같은 아이들과 예술을 논하고 인생을 논했던 교사가 천직이었음을 피력하고 있다. 엄격하지만 자상한 교사를 기대해도 좋을 것이다. 이는 모두 화음과 화성의 체질 덕분이 아니었을까.

□ 연음

연음은 국악에서 일정 가락을 한 악기가 연주하고 나면 다른 악기가 받아서 연주하는 방법이다. 앞 가락의 일정부분 연주 뒤에 따라 연주함으로써 선행구先行句와 후속구後續句 사이에 화성이 이루어지는 서양음악의 '카논'과 비슷하다 하겠다. 이 역시 조화와 순리에 근거한 삶의 양식과 다르지 않다.

> "당신의 눈엔 내가 허수아비로 보이는가. 나를 허수아비로 보지 말게나. 내 눈엔 자네야말로 진짜 허수아비일세."
>
> "아니야. 난 허수아비가 아니야. 이렇게 멀쩡하게 숨을 쉬며 살아 있는데 허수아비라니, 자네가 착각한 것일세."
>
> 그렇다. 착각은 허수아비가 아니라 내가 한 것이다. 왜 일찍 내가 허수아비인 것을 깨닫지 못했을까. 살아 있다고 실상은 아니다. 껍데기뿐인 삶, 그것은 두말할 것 없이 허수아비 삶이다. 허수아비가 새를 쫓기 위하여 그곳에 서 있듯이 나도 자녀를 위하여, 가정을 지키기 위하여 단 한 발짝도 나서지 못하고 살아왔다. 그런 나의 삶이 허수아비가 아니고 무엇이란 말인가.
>
> —「추상秋想」 중에서

청목의 인생 1막이 '크레센도'와 '화음과 화성'에 있었다면 인생 2막은 '연음'으로 수필이 그의 두 번째 길동무가 되어 있다. '활기찬 봄도, 무성한 여름도 다 지난, 저무는 해와 다를 바 없는 인생 끝자락'에서야 허수아비였음을 깨달았다. '나무뿌리는 내 마음의 세계다. …… 음악을 평생의 업으로 생활했던 내가 갑자기 문학으로 눈을 돌린 것도 이상한 일이다. …… 지금쯤은 어딘가로 돛을 올릴 단계가 아니고 어딘가에 닻을 내릴 단계다.…… 뿌리를 드러낸 채 누워 있는 나무를 바라보노라니 내면의 단면을 보는 듯하여 가슴이 아려온다'(「뿌리 깊은 나무」 중에서)는 청목은 수필을 통해 자신과 은밀하게 소통하고 있다. 그래서 빛나는 인생 2모작을 사는지도 모른다.

> 동산에 떠오르는 해가 아름답지만 서산에 걸린 해도 못잖게 아름답다. 해 그림자가 길게 드리워지고 노을이 강물에 살짝 어깨춤을 내려놓으면 강물은 금세 금파金波를 이루고 너울너울 신령한 춤을 춘다.
>
> —「낙조落照」 중에서

> 대지는 온통 봄이 오는 소리로 충만하다. 얼음장 밑으로 흐르는 물소리는 바이올린 소리다. 빨간 매화꽃 봉오리는 비올라를, 산수유 가지는 첼로의 깊은 음을 준비하고 있다. 종달새는 하늘 높이 피콜로의 가락을 연주한다. 강아지는 클라리넷을, 송아지는 호른을 맡아 제각각 열연이다. 지휘에는 수탉이, 오브리가토는 암탉이 맡아 노래한다. 대지의 노래다. 대지의 교향악이다. 지난겨울 모진 목숨을 견뎌낸 자의 환호성이다.
>
> —「봄이 오는 소리」 중에서

요한 슈트라우스의 활기찬 왈츠 <봄의 소리>를 시각화한 묘사이다. 교향악은 수많은 악기들의 협연으로 이루어진다. 가사 없는 음악을 감상하는 일이 음악 문외한들에게는 얼마나 어려운 일인가. 음악이 없다 하더라도 위의 묘사를 보면 분주하게 봄이 다가오는 광경을 머리에 그릴 수 있다.

우수가 지나자 햇살은 어느새 고양이가 되었다. 살금살금 내 품으로 기어들고 있는 모습이 영락없는 고양이다. 겨우내 거실 깊숙이 내려 비추더니 이젠 저만큼 물러나 앉아 설익은 낮잠을 부채질한다. 햇살 따라 칼날같이 차갑게 불어대던 바람도 먼 피안의 세계로 사라질 날을 준비하기에 바쁜가 보다.

베란다의 보새는 학의 목같이 긴 꽃대를 뽑아 올리고 수줍은 듯 뽀얀 속살을 드러내고 있다. 터질 듯 풍만한 가슴을 드러내고 있는 중이다. 거실에 들이고 보니 향기를 가득히 채운다. 지난여름 내내 가슴에 간직하여 왔던 불가리 향보다 진한 향기다.

—「봄이 오는 소리」 중에서

현의 길이와 음의 비례관계를 밝혀냈던 피타고라스는 밤하늘 별자리를 보면서도 교향악을 느낄 수 있었다고 한다. 청목 역시 집안을 기웃거리는 봄의 신령을 스트라빈스키의 <봄의 제전>으로 청각화한 것이다.

내가 만약 음악으로 이 강을 나타낸다면 스메타나의 교향시 <몰다우> 처럼 표현해 보고 싶다. 발원지에서 흘러내리는 물줄기를 우선은 조용히

> 그리겠지. 그러다 자호천, 임고천, 고촌천, 고현천, 청통천이 합쳐지는 것을 그릴 수 있을 테고. 강물은 점점 불어 큰 물줄기를 이루겠지. 흐르는 강물 위에 교교히 비치는 달빛도 그리고, 평화를 사랑하고 풍년을 구가하는 농부들의 상기된 모습도 그릴 수 있을 테지. 신라 화랑의 숨결도 그려 넣고 6·25 동족상잔의 비극도 올릴 수 있을 테고. 산업화로 죽음의 강으로 변한 모습도 표현할 수 있겠지. 그리고 물줄기 굽이굽이 돌아 낙동강으로 흘러드는 모습도 표현하고. 그러다 보면 음악과 문학의 절묘한 표현이 이루어지겠지.
>
> —「내 맘에 흐르는 강」 중에서

하여 문학으로, 문정文情이 음악으로 청각화한다면 사진의진辭盡意盡 음진의진音盡意盡에 닿으리라.

□ 아고긱

앞서 이야기했듯 음악가는 수학의 실천자이다. 음악에서의 기계적인 정확성 대신 자유롭게 감정을 표현하는 속도법速度法에 관한 이론이 아고긱이다. 맛을 무시할 수 없는 것이 멋이지만, 황금비율의 레시피에서 나온 맛을 뛰어넘어야 멋이 탄생되는 이치와 같다.

> 멈출 수만 있으면 좋겠다. 정오의 따뜻한 햇볕만이 있으라. 낭만 깃든 가을길만 있으라. 거머리같이 찰싹 달라붙는 겨울바람은 저리로 비켜 다오. 자라목같이 코트 깃에 내 목을 파묻고 싶지 않다.
>
> 그러나 원치 않게 겨울은 성큼 내 앞으로 다가온다. 밀쳐낼 힘이 없다. 난 어쩔 수 없이 흰 깃발을 꽂고 말았다.
>
> —「겨울의 길목에서」 중에서

청목은 고난의 시대, 격동의 시대를 크레센도로 달려 왔다. 인생이 짧다 하나 한 남자의 하루하루는 결코 짧은 게 아니었다. 찬란한 봄은 짧아도 작열하는 여름은 길었고, 환희의 가을 치맛자락엔 어느 사이에 겨울이 묻어있다. '계절에 부는 바람 따라 내 인생의 자락도 여기까지 왔으니 생의 아고긱을 생각할 때'라고 고백하는 작가는 '획일적이고 규제적이기보다는 뭔가의 자유로움이 스며드는 삶'을 그리워하며 숨고르기를 받아들인다.

> 등대가 바라보인다. 희망의 상징이다. 칠흑같이 어두운 바다에 던져지는 생명의 불빛이다. 내 가슴에 저 등대를 품고 싶다. 갈 곳 잃어 헤매는 영혼들에 반짝반짝 빛나는 영혼의 불꽃이 되어야지. 한 생명을 구원의 길로 인도하는 등대 말이다. 오래 전부터 기도해 오던 목표가 있다. 친구 송 박사를 인도하는 일이다. 얼마 전 만났을 때 그는 주일 날 집에 있을 때 TV를 통하여 조용기 목사의 설교를 자주 듣는다고 했다. 내가 사 준 『깨달음』이라는 책도 반갑게 읽겠다고 했으니 조금만 더 흔들면 그의 마음이 열릴 것 같다.
>
> —「겨울 바다」 중에서

아고긱을 생각해 보는 계절, 그것은 침잠하는 겨울이요, 신앙의 계절이다. 아니 그것은 봄, 여름, 가을, 겨울이 따로 없는 제5의 계절이다. 신앙은 곧 기도이니 기도가 삶, 삶이 기도이다. 그래서 성경은 쉬지 말고 기도하라고 가르친다. 기도는 하나님과 소통하는 길이다. 자신의 삶은 물론 자녀의 삶을 위해서, 국가와 민족을 위해서도 기도해야 한다.

대선을 앞두고 좋은 일꾼을 뽑을 수 있는 지혜를 달라고 기도하는 작가가 친구나 이웃을 대하는 것 역시 기도일 것이다.

가장 절망적인 때가 가장 희망적이고, 어두움에 질식할 것 같을 때가 샛별이 나타날 때임을 꽃샘추위를 통하여 알게 하신 하나님께 감사를 드린다.

"하나님! 욥이 고통 후 받은 복을 내게도 주시옵소서."

—「꽃샘추위」 중에서

그대로 취소란다. 살다 보면 계획했던 일이 오늘처럼 뒤틀리는 수가 있다. 그러기에 사람이 일을 계획했더라도 그 길을 인도하시는 이는 여호와 하나님이라 하지 않았던가. 하나님이 우리 여행을 허락하지 않으시니 도리가 없다. 완전 헛다리짚었다. 이럴 때 생각나는 것이 새옹지마塞翁之馬다. 하나님이 우리를 위해 더 좋은 것을 준비해 주시려 그러했겠지.

—「헛다리」 중에서

가족들과 해외여행을 위하여 비행기를 타고 계류장에서 기다렸지만 기상 관계로 여행이 취소되었을 때 작가는 하나님께서 더 좋은 것을 준비해 주시려는 의도였음을 안다. 하나님에 대한 화롯불 같은 사랑이 충만하기에 기꺼이 받아들일 수 있었던 것이다.

먼 여행길에서 돌아온 자는 일상이 주는 즐거움이 무엇인가를 알 수 있다. 아무렇지도 않아 보였던, 단조로움과 나태로 얼룩졌던 삶이 파랑새가 깃들 수 있는 삶이란 것을 알게 된다. 먼 이국땅에서 몇 날 간의 삶이 황홀했다 할지라도 그건 분명한 내 삶이 아니다. 내가 안주할 수 있고 맘 편히 일할 수 있는 그 삶이 바로 삶의 본모습이다.

—「일상日常이 주는 즐거움」 중에서

이 수필집에는 기행수필이 적잖이 들어 있다. 여행과 일상. 여행은 우리 삶에서 흔치 않은 일탈임에는 틀림없다. 하지만 궁극에는 일상으로 돌아와야 한다. 청목의 삶 역시 어떤 활동을 하더라도 일상은 기도이다.

난 하나님과 소통이 이루어지지 못할 때면 영성에 문제가 있을 때임을 알게 된다. 이의 해결을 위해 늘 기도로 생활하고자 힘쓴다. 인간이 하나님과 소통을 할 수 있는 길은 기도뿐이기 때문이다. 기도를 하다 보면 잘 될 때도 있지만 전연 되지 않을 때도 있다. 성경은 하나님과 기도의 소통이 이루어지지 않을 때를 가리켜 죄의 담이 가로막고 있을 때라고 말한다. 즉 죄가 하나님과 우리 사이를 가로막고 있으면 기도의 소통이 이루어질 수가 없다. 꼭 진공청소기의 빨대가 막힌 현상과 같다. 이럴 때는 조용히 무릎 꿇고 나를 성찰한다. 그러다 보면 하나님 앞에서의 못난 실존을 깨닫게 되고 실타래처럼 얽힌 죄를 파헤치게 된다.

—「기도」 중에서

어쭙잖게 i) 음악과 신앙이 바탕이 된 제1기 '크레센도', ii) 음악과 천직의 제2기 '화음과 화성', iii) 문학과의 인연을 맺은 제3기 '연음', iv) 문학을 통해 신앙을 더욱 공고히 한 제4기 '아고각'으로 청목 사백의 사계를 둘러보았다.

옷이 나의 겉모습을 나타내어 주는 수단이라면 수필은 나의 내면을 표현해 주는 수단이다. 옷을 입을 때 무슨 옷을 입을까를 신경 쓰듯이 수필을 쓸 때 어떤 언어들을 어떻게 표출할까를 고심한다. 문학적 표현과 언어를 구사해야 하고 철학적 사색을 곁들여 사물을 형상화 시키려니, 출근 전 옷 고르느라 여념이 없는 아내가 이해된다.

—「옷과 수필」 중에서

교향곡 <합창>은 베토벤이 청력을 완전히 잃고 난 뒤 작곡한 세계의 시각화요, 음악으로 재현한 청각화이다. 오케스트라의 악기들이 울려주는 소리를 눈으로 듣고 오선지에 옮긴 영혼의 소리이다. 청목 사백이 이 곡을 첫 번째 길동무로, 수필을 두 번째 길동무로 택한 것은 우연이 아니다.

그의 인생 1모작이 청각화였다면 2모작은 시각화인지도 모른다. 베토벤이 영혼의 소리를 시각화하였듯이, 청목 사백께서는 수필쓰기를 통하여 인간 내면에 존재하는 영성과 음악을 시각화하는 값진 작업을 꾸준히 할 것으로 기대한다.

한국수필의 새로운 지평을 여는 데 큰 디딤돌 하나를 놓은 저자에게 축하와 격려의 박수를 보낸다.